AF270718

JLPT 日本語能力試験 完全模試 SUCCESS

Japanese Language Proficiency Test N2 Complete Mock Test SUCCESS
成功的日语能力测试 N2 完整的模拟测试
Thành công kỳ thi năng lực tiếng Nhật N2 Hoàn thành bài kiểm tra mô phỏng

森本智子／高橋尚子／松本知恵／杉山ますよ／
青木幸子／黒岩しづ可／藤田朋世●共著

Ｊリサーチ出版

はじめに

　本書は、日本語能力試験のN1からN5のレベルのうち、N2の試験対策を目的に、3回分の模擬試験を用意しました。

　本書の特徴は、問題数が豊富であることです。模擬試験が3回分収録されていますから、試験直前にとにかくたくさん問題を解きたいという場合に使うことはもちろん、試験の傾向を知るために1回、少し勉強してから1回、試験直前に1回といった使い方をすることもできます。本書を使って本番と同じ形式の問題を3回解いてみれば、試験の特徴は十分につかめるでしょう。

　また、本書では、あまり時間がない中でも必要な試験対策がとれるよう、解説を工夫しました。問題を解いて答えの正誤を知るだけでなく、効率よく、正解を導くためのポイントを学んだり、今まで学んできた知識を整理したりできるようになっています。

　N2に合格するためには、幅広い日本語の知識とそれを適切に運用する力が求められます。本書を使って繰り返し学習することによって、弱いところや苦手なところを補強し、日本語能力の向上を目指してください。

　本書がN2合格を目指す皆さんのお役に立てることを願っています。

著者・編集部一同

もくじ

この本の使い方

〈この本の構成〉

- 模擬試験は全部で3回あります。

- 問題と解答用紙は付属の別冊に、解答・解説はこちらの本冊に収めてあります。

- 聴解用の音声はダウンロードで利用できます。詳しくは、p.5 〜 p.8 をご覧ください。

★この本の3回の模擬試験に加えて、もう1回分、ダウンロード版の模擬試験があります。利用方法は p.9 〜 p.10 をご覧ください。

〈この本の使い方〉

① 3回の模擬試験は（一度に続けてではなく）、それぞれ決められた時間にしたがって別々にしてください。

※解答用紙は切り取るか、コピーをして使ってください。

※「言語知識（文字・語彙・文法）／読解」では、解答にかける時間について目標タイムを設け、大問ごとに表示しています。参考にしながら解答してください。

② 解答が終わったら、「解答・解説」を見ながら答え合わせをしましょう。間違ったところはよく復習しておいてください。

※解説や付録の「試験に出る重要語句・文型リスト」を活用しましょう。

③ 次に、採点表（p.125 〜 126）を使って採点をして、得点を記入してください。得点結果をもとに、力不足のところがないか、確認してください。得点の低い科目があれば、重点的に学習しましょう。

④「解答・解説」の「言葉と表現」では、□は N2 レベル相当と思われる語句を、△は N2 レベルを超えると思われる語句を示しています。

STEP 1 商品ページにアクセス！
方法は次の３通り！

- QR コードを読み取ってアクセス。

- https://www.jresearch.co.jp/book/b603178.html を入力してアクセス。
- Ｊリサーチ出版のホームページ（https://www.jresearch.co.jp/）にアクセスして、「キーワード」に書籍名を入れて検索。

STEP 2 ページ内にある「音声ダウンロード」ボタンをクリック！

STEP 3 ユーザー名「1001」、パスワード「25571」を入力！

STEP 4 音声の利用方法は２通り！
学習スタイルに合わせた方法でお聴きください！

- 「音声ファイル一括ダウンロード」より、ファイルをダウンロードして聴く。
- 「▶」ボタンを押して、その場で再生して聴く。

※ダウンロードした音声ファイルは、パソコン・スマートフォンなどでお聴きいただくことができます。一括ダウンロードの音声ファイルは .zip 形式で圧縮してあります。解凍してご利用ください。ファイルの解凍が上手く出来ない場合は、直接の音声再生も可能です。

● 音声ダウンロードについてのお問合せ先 ●
toiawase@jresearch.co.jp
（受付時間：平日９時〜18時）

How to Download Voice Data

STEP 1 Visit the website for this product!
This can be done in three ways.

- Scan this QR code to visit the page.

- Visit https://www.jresearch.co.jp/book/b603178.html
- Visit J Research's website (https://www.jresearch.co.jp/), enter the title of the book in "Keyword," and search for it.

STEP 2 Click the 「音声ダウンロード」(Voice Data Download) button the page!

STEP 3 Enter the username "1001" and the password "25571"!

STEP 4 Use the voice data in two ways!
Listen in the way that best matches your learning style!

- Download voice files using the "Download All Voice Files" link, then listen to them.
- Press the ▶ button to listen to the voice data on the spot.

* Downloaded voice files can be listened to on computers, smartphones, and so on. The download of all voice files is compressed in .zip format. Please extract the files from this archive before using them. If you are unable to extract the files properly, they can also be played directly.

For inquiries regarding voice file downloads, please contact :
toiawase@jresearch.co.jp
(Business hours: 9 AM - 6 PM on weekdays)

STEP 1 进入产品页面！
有 3 种方法可以下载！

- 扫描二维码访问。
- 通过输入 https://www.jresearch.co.jp/book/b603178.html 访问。
- 访问 J Research Publishing 网站（https://www.jresearch.co.jp/）在 "キーワード（关键字）" 中输入书名进行搜索。

STEP 2 点击页面上的「**音声ダウンロード**」(语音下载) 按钮！

STEP 3 输入用户名 "1001" 和密码 "25571" ！

STEP 4 有两种使用语音的方法！
选择适合您的学习方式收听！

- 从 "一次性下载所有音频文件" 下载并收听文件。
- 按 ▶ 按钮即可现场播放和收听。

※您可以在计算机或智能手机上收听下载的音频文件。下载的音频文件以 .zip 格式压缩。请解压文件使用。如果文件不能顺利地解压，也可以直接播放音频。

● 音频下载咨询 ●

toiawase@jresearch.co.jp

（受理时间：平日 9:00 ～ 18:00）

STEP 1 Có 3 bước để tải như sau!

- Đọc mã QR để kết nối.

- Kết nối tại địa chỉ mạng https://www.jresearch.co.jp/book/b603178.html.
- Vào trang chủ của NXB J-Research rồi tìm kiếm bằng tên sách tại mục キーワード .

STEP 2 Nhấp chuột vào nút 「音声ダウンロード」có trong trang!

STEP 3 Nhập tên "1001", mật khẩu "25571" !

STEP 4 Có 2 cách sử dụng thư mục âm thanh. Hãy nghe theo cách phù hợp với phương pháp học của mình!

- Tải file để nghe từ mục 「音声ファイル一括ダウンロード」
- Ấn nút ▶ để nghe luôn tại chỗ.

※File âm thanh đã tải về có thể nghe trên máy tính, điện thoại thông minh. Nếu tải đồng loạt thì file được nén dưới dạng file .zip. Hãy giải nén file trước khi sử dụng. Nếu không giải nén được file cũng vẫn có thể nghe trực tiếp.

Mọi thắc mắc về việc tải file âm thanh hãy liên hệ tới địa chỉ
toiawase@jresearch.co.jp
(từ 9:00 ~ 18:00 ngày làm việc trong tuần)

ダウンロード模試のご利用案内

STEP 1 商品ページにアクセス！ 方法は次の３通り！
- QR コードを読み取ってアクセス。
- https://www.jresearch.co.jp/book/b603178.html を入力してアクセス。
- Ｊリサーチ出版のホームページ（https://www.jresearch.co.jp/）にアクセスして、「キーワード」に書籍名を入れて検索。

STEP 2 ページ内にある「購入者特典・模試１回分はこちら」をクリック！

STEP 3 「ユーザー名」「パスワード」を入力！
➡ ユーザ名＝ jresearch86392　パスワード＝ successdArUmA25571

STEP 4 試験科目を選んでクリック
※解答用紙は、本書の別冊の最後にあります。

● ダウンロード模試についてのお問合せ先 ●
toiawase@jresearch.co.jp （受付時間：平日９時〜18時）

How to Use the Downloadable Practice Test

STEP 1 Visit the website for this product!
This can be done in three ways.
- Scan this QR code to visit the page.
- Visit https://www.jresearch.co.jp/book/b603178.html.
- Visit J Research's website (https://www.jresearch.co.jp/), enter the title of the book in "Keyword," and search for it.

STEP 2 Click the 「購入者特典・模試１回分はこちら」 (Purchase bonus practice test ×1) button the page!

STEP 3 Enter the username "**jresearch86392**" and the password "**successdArUmA25571**".

STEP 4 Select the test subject and click on it.
- Answer sheet is found at the endo of the supplement.

For inquiries regarding voice file downloads, please contact :
toiawase@jresearch.co.jp (Business hours: 9 AM - 6 PM on weekdays)

下载模拟测试使用指南

STEP 1 进入产品页面！ 有３种方法可以下载！

- 扫描二维码访问。
- 通过输入 https://www.jresearch.co.jp/book/b603178.html 访问。
- 访问 J Research Publishing 网站（https://www.jresearch.co.jp/）在 "キーワード（关键字）" 中输入书名进行搜索。

STEP 2 点击页面上的「購入者特典・模試１回分はこちら」(获取购买者权益／一次模拟考试) 按钮！

STEP 3 输入 "用户名" 和 "密码"
➡用户名 = jresearch86392　密码 = successdArUmA25571

STEP 4 选择并点击考试科目

- 答卷在本书分册的末尾。

● 模拟考试下载咨询 ●

toiawase@jresearch.co.jp (受理时间：平日 9:00 ～ 18:00)

HƯỚNG DẪN TẢI ĐỀ THI THỬ

STEP 1 Kết nối vào trang giới thiệu sách!
Có 3 bước để tải như sau!

- Đọc mã QR để kết nói.
- Kết nối tại địa chỉ mạng https://www.jresearch.co.jp/book/b603178.html
- Vào trang chủ của NXB J-Research rồi tìm kiếm bằng tên sách tại mục キーワード .

STEP 2 Nhấp chuột vào nút 「購入者特典・模試１回分はこちら」(Ưu đãi dành cho độc giả! Tải bài kiểm tra thử 1 lần tại đây) **có trong trang!**

STEP 3 Nhập tên "jresearch86392", mật khẩu "successdArUmA25571"！

STEP 4 Nhấp chuột để chọn bài thi

- Tờ trả lời được gắn ở cuối sách.

Mọi thắc mắc về việc tải đề thi thử hãy liên hệ tới địa chỉ:

toiawase@jresearch.co.jp (từ 9:00 ～ 18:00 ngày làm việc trong tuần)

「日本語能力試験 N2」の内容

1．N2 のレベル

日常的な場面で使われる日本語の理解に加え、より幅広い場面で使われる日本語をある程度理解することができる。

読む	● さまざまな話題について書かれた**新聞や雑誌の記事・論説**、易しい評論など、**言い**たいことが明らかな文章を読んで、文章の内容を理解することができる。 ＊論説：あるテーマ・問題について、順序よく意見を述べたり解説したりすること ＊評論：物事の長所・短所を取り上げながら、評価を述べること ● 一般的な話題に関する読み物を読んで、話の流れや**表現意図**を理解することができる。
聞く	● 日常的な場面に加えてさまざまな場面で、自然に近いスピードの、**まとまりのある**会話やニュースを聞いて、話の流れや内容、登場人物の関係を理解したり、要旨を把握したりすることができる。 ＊登場人物：話の中に出てくる人

2．試験科目と試験時間

● 「言語知識」と「読解」は同じ時間内に、同じ問題用紙、同じ解答用紙で行われます。自分のペースで解答することになりますので、時間配分に注意しましょう。

	言語知識（文字・語彙・文法）・読解	聴解
時間	105 分	50 分

3．合否（＝合格・不合格）の判定

● 「総合得点」が「合格点」に達したら、合格になります。確実に6～7割の得点が得られるようにしましょう。

● 「得点区分別得点」には「基準点」が設けられています。「基準点」に達しなければ、「総合得点」に関係なく、不合格になります。苦手な科目をつくらないようにしましょう。

	言語知識 （文字・語彙・文法）	読解	聴解	総合得点	合格点
得点区分別得点	0～60点	0～60点	0～60点	0～180点	90点
基準点	19点	19点	19点		

４．日本語能力試験 N2 の構成

			大問	小問数	ねらい
言語知識（文字・語彙・文法）・読解（105分）	文字・語彙	1	漢字読み	5	漢字で書かれた語の読み方を問う。
		2	表記	5	ひらがなで書かれた語が漢字でどのように書かれるかを問う。
		3	語形成	5	派生語や複合語の知識を問う。
		4	文脈規定	7	文脈によって意味的に規定される語が何であるかを問う。
		5	言い換え類義	5	出題される語や表現と意味的に近い語や表現を問う。
		6	用法	5	出題語が文の中でどのように使われるのかを問う。
	文法	7	文の文法1（文法形式の判断）	12	文の内容に合った文法形式かどうかを判断することができるかを問う。
		8	文の文法2（文の組み立て）	5	統語的に正しく、かつ、意味が通る文を組み立てることができるかを問う。
		9	文章の文法	5	文章の流れに合った文かどうかを判断することができるかを問う。
	読解	10	内容理解（短文）	5	生活・仕事などいろいろな話題も含め、説明文や指示文など200字程度のテキストを読んで、内容が理解できるかを問う。
		11	内容理解（中文）	9	比較的易しい内容の評論、解説、エッセイなど500字程度のテキストを読んで、因果関係や理由、概要や筆者の考え方などが理解できるかを問う。
		12	統合理解	2	比較的易しい内容の複数のテキスト（合計600字程度）を読み比べて比較・統合しながら理解できるかを問う。
		13	主張理解（長文）	3	論理展開が比較的わかりやすい評論など、900字程度のテキストを読んで、全体として伝えようとしている主張や意見がつかめるかを問う。
		14	情報検索	2	広告、パンフレット、情報誌、ビジネス文書などの情報素材（700字程度）の中から必要な情報を探し出すことができるかを問う。
聴解（50分）		1	課題理解	5	まとまりのあるテキストを聞いて、内容が理解できるかどうか（次に何をするのが適当か理解できるか）を問う。
		2	ポイント理解	6	まとまりのあるテキストを聞いて、内容が理解できるかどうか（ポイントを絞って聞くことができるか）を問う。
		3	概要理解	5	まとまりのあるテキストを聞いて、内容が理解できるかどうか（テキスト全体から話者の意図や主張が理解できるかどうか）を問う。
		4	即時応答	12	質問などの短い発話を聞いて、適切な応答が選択できるかを問う。
		5	統合理解	4	長めのテキストを聞いて、複数の情報を比較・統合しながら、内容が理解できるかを問う。

※小問数は大体の予定の数で、実際にはこれと異なる場合があります。本書は、国際交流基金の公開情報を参考に構成しました。

模擬試験 第1回　解答・解説（かいとう・かいせつ）

聴解（ちょうかい）

問題 4　例 1 2 3 4 5 6 7 8 9 10 11 12

問題 5　1 2 3

問題 1　例 1 2 3 4 5

問題 2　例 1 2 3 4 5 6

問題 3　例 1 2 3 4 5

問題 8　45 46 47 48 49

問題 9　50 51 52 53 54

問題 10　55 56 57 58 59

問題 11　60 61 62 63 64 65 66 67 68

問題 12　69 70

問題 13　71 72 73

問題 14　74 75

言語知識（文字・語彙・文法）・読解（げんごちしき（もじ・ごい・ぶんぽう）・どっかい）

問題 1　1 2 3 4 5

問題 2　6 7 8 9 10

問題 3　11 12 13 14 15

問題 4　16 17 18 19 20 21 22

問題 5　23 24 25 26 27

問題 6　28 29 30 31 32

問題 7　33 34 35 36 37 38 39 40 41 42 43 44

問題1
（もんだい）

1 正答4
（せいとう）

□ **荒れる**：天気や人の行動、心の状態が激しくなる

▶ □ **荒**＝コウ／あーれる、あーらす、あらーい

例 荒天、肌が荒れる、荒い写真
（こうてん、はだ　あ、あら　しゃしん）

2 正答2
（せいとう）

□ **募集**：集めること
（ぼしゅう　あつ）

▶ □ **募**＝ボ／つのーる

例 募金する、参加者を募る
（ぼきん、さんかしゃ　つの）

▶ □ **集**＝シュウ／あつーめる、あつーまる

例 集中する、意見を集める、友達の家に集まる
（しゅうちゅう、いけん　あつ、ともだち　いえ　あつ）

3 正答1
（せいとう）

□ **等しい**：同じ
（ひと　おな）

▶ □ **等**＝トウ／ひとーしい、など

例 平等、高等学校、1kgと1000ｇは等しい
（びょうどう、こうとうがっこう、ひと）

4 正答3
（せいとう）

□ **強盗**：暴力を使って人の金や物を盗むこと、人
（ごうとう　ぼうりょく　つか　ひと　かね　もの　ぬす、ひと）

▶ □ **強**＝ゴウ・キョウ／つよーい

例 強引、強力、力が強い
（ごういん、きょうりょく、ちから　つよ）

▶ □ **盗**＝トウ／ぬすーむ、とーる

例 盗撮、財布を盗む、お金を盗る
（とうさつ、さいふ　ぬす、かね　と）

問題2
（もんだい）

5 正答1
（せいとう）

□ **乱暴**：やり方や話し方が丁寧ではない
（らんぼう　かた　はな　かた　ていねい）

▶ □ **乱**＝ラン／みだーれる、みだーす

例 混乱する、髪が乱れる、列を乱す
（こんらん、かみ　みだ、れつ　みだ）

▶ □ **暴**＝ボウ・バク／あばーれる、あばーく

例 暴力、暴露、酔って暴れる、秘密を暴く
（ぼうりょく、ばくろ、よ　あば、ひみつ　あば）

6 正答2
（せいとう）

□ **深い**：表面から底までの距離が長い、程度が大きい
（ふか　ひょうめん　そこ　きょり　なが、ていど　おお）

▶ □ **深**＝シン／ふかーい、ふかーまる、ふかーめる

例 深刻な状況、深い海、関係が深まる、理解を深める
（しんこく　じょうきょう、ふか　うみ、かんけい　ふか、りかい　ふか）

7 正答4
（せいとう）

□ **勤める**：仕事をする
（つと　しごと）

▶ □ **勤**＝キン／つとーめる、つとーまる

例 勤務する、銀行に勤める
（きんむ、ぎんこう　つと）

8 正答3
（せいとう）

□ **想像**：心の中で思い描くこと
（そうぞう　こころ　なか　おも　えが）

▶ □ **想**＝ソウ／おもーう、おもーい

例 空想する、故郷を想う、想いを話す
（くうそう、こきょう　おも、おも　はな）

▶ □ **像**＝ゾウ

例 映像、理想像
（えいぞう、りそうぞう）

9　正答1

□ 清潔：きれい、衛生的
　　（せいけつ）　　　　　（えいせいてき）
▶ □清＝セイ／きよーめる、きよーい、きよーらか
　　例 体を清める、清らかな川
　　　（からだ きよ）　（きよ かわ）
▶ □潔＝ケツ／いさぎよーい
　　例 潔白、潔く認める
　　　（けっぱく）（いさぎよ みと）

10　正答3

□ 息子：男の子の子供
　　（むすこ）（おとこ こ こども）
▶ □息＝ソク／いき　　例 子息、息をする
　　　　　　　　　　　　（しそく）（いき）
▶ □子＝シ／こ　　　　例 子孫、子供
　　　　　　　　　　　　（しそん）（こども）

問題3
（もんだい）

11　正答3

□ 真正面
　（ま しょうめん）
▶ □真〜：正確にその状態を表す
　　（ま）　（せいかく）　（じょうたい あらわ）
　　例 真上、真下、真後ろ、真ん中、真正面、
　　　（まうえ）（ました）（まうし）（ま なか）（ま しょうめん）
　　　真夜中、真昼
　　　（ま よ なか）（ま ひる）

他の選択肢

1 逆〜：反対の　例 逆方向、逆向き
　（ぎゃく）（はんたい）　（ぎゃくほうこう）（ぎゃく む）
2 全〜：全部の
　（ぜん）（ぜんぶ）
　例 全国、全世界、全人口、全社員、全校生徒
　　（ぜんこく）（ぜんせかい）（ぜんじんこう）（ぜんしゃいん）（ぜんこうせいと）
4 重〜：程度が強い　例 重犯罪、重病、重症
　（じゅう）（ていど つよ）　（じゅうはんざい）（じゅうびょう）（じゅうしょう）

12　正答4

□ 別方向：方向が違う
　（べつほうこう）（ほうこう ちが）
▶ □別〜：違う　　例 別会計、別人、別件
　　（べつ）（ちが）　（べつかいけい）（べつじん）（べっけん）

他の選択肢

1 他〜：他の　例 他人、他者、他社、他校
　（た）（ほか）　（たにん）（たしゃ）（たしゃ）（たこう）
2 異〜：他のものとは違う
　（い）（ほか）　　（ちが）
　例 異文化、異空間、異次元、異星人
　　（いぶんか）（いくうかん）（いじげん）（いせいじん）
3 違〜：合っていない　例 違法
　（い）（あ）　　　　　（いほう）

13　正答3

□ 高収入：収入が多い
　（こうしゅうにゅう）（しゅうにゅう おお）
▶ □高〜：多い、レベルが高い
　　（こう）（おお）　　　　（たか）
　　例 高学歴、高コスト
　　　（こうがくれき）（こう）

他の選択肢

1 超〜：普通のレベルを超えている
　（ちょう）（ふ つう）　　　（こ）
　例 超能力、超特急
　　（ちょうのうりょく）（ちょうとっきゅう）
2 上〜：とてもいい
　（じょう）
　例 上機嫌、上得意、上客
　　（じょうきげん）（じょうとくい）（じょうきゃく）
4 多〜：多い
　（た）（おお）
　例 多趣味、多民族国家、多言語社会
　　（たしゅみ）（たみんぞくこっか）（たげんごしゃかい）

14　正答1

□ 悪天候：天気が悪い
　（あくてんこう）（てんき わる）
▶ □悪〜：悪い　例 悪条件、悪趣味
　　（あく）（わる）　（あくじょうけん）（あくしゅみ）

他の選択肢

2 極〜：とても、程度が高い　例 極寒、極悪
　（ごく）　　（ていど たか）　（ごっかん）（ごくあく）
3 変〜：普通ではない　例 変人
　（へん）（ふ つう）　　　（へんじん）
4 特〜：特別な　例 特例、特売
　（とく）（とくべつ）　（とくれい）（とくばい）

15　正答2

□ 目的地：目的の場所
　（もくてきち）（もくてき ばしょ）
▶ □〜地：〜をする場所
　　（ち）
　　例 出生地、勤務地、建設地
　　　（しゅっしょうち）（きんむち）（けんせつち）

他の選択肢

1 〜所：〜をする場所
　（しょ/じょ）　　　（ばしょ）
　例 支所、販売所、出張所
　　（ししょ）（はんばいじょ）（しゅっちょうじょ）
3 〜場：〜をする場所
　（じょう/ば）　　　（ばしょ）
　例 駐車場、運動場、作業場
　　（ちゅうしゃじょう）（うんどうじょう）（さぎょうば）
4 〜間：〜をする部屋
　（ま）　　　　（へや）
　例 客間、応接間
　　（きゃくま）（おうせつま）

問題4

16　正答1

□ **つらい**：体や心が苦しい
例 熱が出て、体がつらい。

他の選択肢

2 だるい　例 長い間立っていたので、足がだるい。
3 かゆい　例 蚊に刺されたところがかゆい。
4 ひどい　例 友達からひどいことを言われた。

17　正答3

□ **挟む**：物と物の間に置いて両側から押さえる
例 パンの間に肉や野菜を挟んで食べる。

他の選択肢

1 掴む　　例 急いでいたので、携帯電話だけ掴んで家を出た。
2 握る　　例 電車の吊革を握る。
4 押さえる　例 強い風が吹いてきたので、スカートを押さえた。

18　正答2

□ **クレーム(claim)**：苦情
例 取引先にクレームを入れた。

他の選択肢

1 スペース(space)
例 車を停めるスペースがない。
3 ボーナス(bonus)
例 年に2回ボーナスが出る。
4 スムーズ(smooth)
例 手続きがスムーズにできた。

19　正答3

□ **(汗を)かく**：(汗が)でる
例 汗をかいたから着替えた。

他の選択肢

1 拭く　　例 窓を拭く。

2 引く　　例 風邪を引く。
4 付く　　例 汚れが付く。

20　正答4

□ **まね**：他の人の動きを見て、同じようにすること
例 あの会社は、我が社の製品のまねをしている。

他の選択肢

1 まし　例 今日は曇りでとても寒いが、雨が降るよりましだ。
2 せい　例 寝坊したせいで、遅刻した。
3 ふり　例 本当は知っていたが、知らないふりをした。

21　正答1

□ **引き受ける**：頼まれたことをする。
例 この依頼を引き受けてくれる人がいない。

他の選択肢

2 引き渡す
例 社長の職を息子に引き渡す。
3 引き入れる
例 林さんをこのチームに引き入れた。
4 引き込む
例 この映画は面白くて、引き込まれる。

22　正答2

□ **ぎっしり**：物がたくさん詰まっている様子。
例 箱を開けると、中にチョコレートがぎっしり入っていた。

他の選択肢

1 ぴったり
例 私にはSサイズの服がぴったりだ。
3 そっくり
例 お兄さんと顔がそっくりですね。
4 じっくり
例 じっくり考えてから決めましょう。

問題5

23 正答 2

□ **約**：おおよそ、だいたい
例 完成まで約3週間かかります。

24 正答 4

□ **売り場**：店の中の商品が置いてある場所
例 服売り場は2階です。

25 正答 3

□ **眺め**：見える景色
例 裏にすぐビルがあるので、この部屋は眺めが悪い。

26 正答 3

□ **頭に来る**：腹が立つ、不愉快だ
例 文句を言われて頭に来て、言い返した。

27 正答 1

□ **やかましい**：うるさい
例 外で大声で話している人がいて、やかましい。

問題6

28 正答 3

□ **見本**：商品の質や形を示すための物。サンプル(sample)
例 見本を見てから、買うかどうか決めよう。

他の選択肢　1目印、2基本、4例 などが適当。

29 正答 1

□ **思いつく**：新しいアイデアが頭の中に出てくる
例 あっ、いい方法を思いついた！

他の選択肢　2思い出した、3思い切る、4思い浮かぶ などが適当。

30 正答 4

□ **休業**：会社や店が営業しないこと
例 店のドアに「本日休業」と貼ってある。

他の選択肢　1休憩、2休職、3休講 などが適当。

31 正答 2

□ **珍しい**：数が少ない、貴重な
例 この地域には、珍しい名字の人が多い。

他の選択肢　1貴重な、3異常に、4特殊な などが適当。

32 正答 3

□ **まもなく**：もうすぐ
例 まもなくコンサートが始まります。皆様、席にお座りください。

他の選択肢　1すぐに、2すぐに／直ちに、4さっき などが適当。

問題7

33　正答2

□ **〜てしまう＋…ないように**：〜という失敗をしないように気をつける
例　ダイエット中なので、お菓子を多く食べてしまわないようにしている。

34　正答4

□ **〜まま＋〜にする＋〜ず**（ない）。
例　使ったお皿はそのままにせず、ちゃんと片付けよう。

35　正答1

□ **むしろ**：どちらかと言えば。
例　急ぐなら、むしろ、歩いて行ったほうがいい。

36　正答4

□ **〜切る**：〜が全部終わった。
例　牛乳を一本全部飲み切った。

37　正答1

□ **どの〜よりも…**：一番…。
例　会社のどの人よりも、田中部長のことを尊敬している。

38　正答3

□ **〜に備えて**：〜という大変な状況になったときのために
例　急な雨に備えて、傘を持って行った。

39　正答4

□ **〜ところ…**：〜たら、…という結果になった
例　少し塩を入れてみたところ、おいしくなった。

40　正答1

□ **〜ぶりに**：〜という時間のあとに、もう一度
例　一週間ぶりに、田中さんに会った。

41　正答2

□ **〜たほうがよかった**：終わったあと「〜しなかったけれど、〜したらよかった」と反省するときに使う。この場合は、相手がしたことに対して、意見を話している。
例　雨が降るなら、車で来たほうがよかったなあ。

42　正答1

初級の文型2つを合わせている。〜てもらった＋〜そうで（伝聞）で、「手伝ってもらったということを聞いた」という意味。

他の選択肢

2「手伝ってもらうことができそうだ」という意味。
3「松本さんに」ではなく「松本さんが」でないと合わない。
4「手伝ってもらうと聞いた」という意味。

43　正答4

□ **〜てならない**：非常に〜という気持ちだ
例　もうすぐ彼女に会えると思うと、うれしくてならない。

44 正答1

□ ます形＋**かける**：途中まで〜したが、最後までしないでやめる

例 牛乳を飲みかけて、そのまま置いてきてしまった。

問題8

45 正答4

そのワイン、遊びに来た友達に ₂もらったんだけど ₃もらった ₄その日に ₁飲んだきりだ。

⇒ そのワイン、[〈遊びに来た〉友達にもらった]んだけど、〈もらった〉その日に飲んだきりだ。

46 正答1

家族の ₄ためなら ₂どんなに ₁大変な ₃ことでも 頑張れる。

⇒ 家族のためなら、〈どんなに大変なこと〉でも頑張れる。

47 正答2

ちゃんと部屋を ₄掃除 ₃してから ₂でないと ₁友達を招待 できません。

⇒ 〈ちゃんと部屋を掃除して〉からでないと、〈友達を招待〉できません。

48 正答4

人に ₂会う ₁わけ ₄でもないのに ₃おしゃれをして 出かけたくなった。

⇒ 〈人に会う〉わけでもないのに、〈おしゃれをして〉出かけたくなった。

49 正答3

レジの仕事を ₂覚えた ₁つもりだった ₃けれど ₄実際に やってみるとできなかった。

⇒ 〈レジの仕事を覚えた〉つもりだったけれど、〈実際にやってみると〉できなかった。

問題9

50 正答3

「よく使われている」で、「使う人が多い」という意味。

51 正答1

1段落で「社会人は仕事をしている人」と言っているが、2段落では「仕事をしていても、アルバイトだと社会人とは言いにくい」と反対のことを書いている。

52 正答1

前の文を指しているので、前の部分を指すときに使う「このような」。

53 正答1

そういう人が多い、という意味を「傾向がある」という言葉で書いている。

54 正答3

自分の意見を言うときに使う表現。

社会人ってどんな人？

　日本語に、「社会人」という言葉がある。日本でよく 50 言葉だ。学校で先生が「社会人となるために…」と話すのを聞いて、この言葉を知った。「社会の人」とはどんな意味なのかと思ったが、「学生ではなく、仕事をしている人」ということだそうだ。

　 51 、学校を卒業しても、会社などに勤めずにアルバイト生活を送っている人は、「社会人」とは言いにくいそうだ。「社会人」というときには、「学生ではなく、アルバイトでもなく、就職して仕事をしている人」という意味で使われることが多いらしい。これは、日本だけの言葉ではないかと思う。仕事をする人というのなら、「労働者」とは何が違うのだろうか。

　日本人の友人に聞いてみると、この二つは全く違う意味に感じると言われた。「労働者」は、働く人というだけの意味だが、「社会人」だと、「学生とは違い、自分でちゃんと稼いで、自分の力で生活して立派だ」というようなイメージがあるのだという。 52 意味の言葉は、私の国にはないように感じる。ほかの言語にもないのではないだろうか。

　日本では、昔から個人よりも集団を重視する 53 と聞く。社会に参加すること、そしてその中で職業を持ち社会の役に立っていくことが大切だということが、この言葉に 54 。

問題10（短文）

(1)

55 正答3　　〈内容理解〉を問う問題。

> 近年、スーパーの無人レジや無人コンビニが増えている。食料品店に限らず、様々な店で無人化が進められている。大手衣料品メーカーは商品に電子タグをつけている。商品をレジの横にある箱に入れると、機械が電子タグを読み取り、一瞬にして商品名と値段、合計金額が表示される。袋詰めも客が自分で行う。
>
> 　しかし、高級ブランド店などでは、無人レジの導入は難しいのではないかと言われている。高級ブランド店は、客とのコミュニケーションや丁寧なサービスも売りにしているので、会計や袋詰めを客にやらせることには抵抗があるようだ。

「高級ブランド店では導入は難しい」＝「全ての店に向いているわけではない」　3○

他の選択肢　1→あらゆる＝全て。「高級ブランド店では導入は難しい」と述べているので×。
　　　　　　2→袋詰めも機械化したほうがいいとは書かれていない。
　　　　　　4→サービスがよくないとは書かれていない。

ことばと表現

□ タグ：商品につける値札など。㊤tag より。
□ ブランド：その商品を他と区別する特徴や価値、評価など。㊤brand より。
□ 売り：商品やサービスなどの特長。

(2)

56 正答4　　〈筆者の意見〉を問う問題

> 　今年の大学入学共通テストは、各科目の平均点が過去最低となりました。主な理由は、ほとんどの科目において問題文が長くなり、短時間で情報を正確に読み取る力が求められたことで難易度が上がったことです。現在のテストは、これまでに比べて国語が得意な人が有利になっていると言えます。すべての科目が、教科書を読むにしろ、授業を受けるにしろ、高度な日本語を理解する必要があります。例えば、数学の教科書を読むことも、公式や記号を説明する難しい日本語を読んで理解することにほかなりません。

すべての科目が高度な日本語を理解する必要がある→高度な日本語が理解できればすべての科目が理解できるようになる

他の選択肢　1→国語の配点が大きいとは書かれていない。
　　　　　　2→読解問題が増えているとは書かれていない。
　　　　　　3→いい成績が取れるとまでは言っていない。

ことばと表現

□ 有利：その人にとってうまくいくこと、都合がいいこと。
□ 公式：official ／公式／ chính thức

(3)

57 正答3
〈文章が求める行動〉を問う問題

20XX 年 12 月 10 日

社員各位

総務課長

<u>インフルエンザ予防についてのお願い</u>

　本格的な冬を迎え、インフルエンザの流行が始まっています。<u>インフルエン</u>ザの感染防止のため、積極的に予防接種を受けるようにしてください。予防接種を受けた方は総務課に医療機関の領収書をご提出ください。その場合、一人につき 2000 円の補助金を支給します。

　また、手洗いやマスクを着用するなど、各自で工夫し、感染予防の継続にご協力をお願いいたします。

文章のタイトルからインフルエンザを予防するためのお願いであることがわかる。

予防接種を受けさせるために書かれたものである。

他の選択肢
1 → 伝えたいのは流行ではなく、予防すること。
2 → 一番の目的ではない。
4 → 一番の目的ではない。

ことばと表現

□ 予防接種：病気を防ぐためにする注射。
□ 感染予防：ウィルスをうつされることを防ぐこと。

(4)

58 正答3
〈筆者の考え〉を問う問題

　「よいリーダー」とはどんな人でしょうか。

　リーダーと言えば、最も実力のある人が先頭に立ち、力強く他の人を引っ張っていくのをイメージする人がいるかもしれません。しかし、そういうリーダーの下で働く社員は常にリーダーの様子を伺い、リーダーについていくのに必死になります。かえって自信がなく、心配症で、社員たちの後ろから全体を注意深く見るタイプの方が、チーム全体の長所や欠点に早く気が付き、必要な指示が出せるというものです。

「しかし」前の文を否定しているので、これは筆者の最も言いたいことではない

「かえって」の後ろは筆者が最も言いたいこと。全体を注意深く見るタイプの方が必要な指示が出せると言っている。　3○

他の選択肢
1 → 「しかし」で否定されている。
2 → 「上司についていく」のはリーダーではなく部下なので×。
4 → 自信がなくて心配性なだけではないけない。

(5)

59 正答 2

〈文章が求める行動〉を 問う問題

ご利用明細書の発行について

　弊社では、環境保全を目的とした紙の使用量を削減する取り組みとして、紙のご利用明細書の郵送からＷＥＢ明細サービス（無料）によるご提供への切り替えをお願いしております。本サービスのご利用にはマイページ登録が必要ですので、登録されていない場合はお早めに登録サイトからのご登録をお願いいたします。

　なお、ご登録がされるまでは紙のご利用明細書を郵送いたしますが、20XX年10月1日より、その分の送料として1通につき90円（税込み）をご負担いただきますので、ご了承ください。

以上、ご理解くださいますようお願い申し上げます。

紙のご利用明細書からWEB明細サービスに変更してほしいと言っている。
2○

他の選択肢　1 → 一番の目的ではないので×
　　　　　　　　3 → WEB 明細書は有料ではないので×
　　　　　　　　4 → 一番の目的ではないので×

ことばと表現

□ 明細書：内容を細かく書いた書類。

問題11（中文）

(1)

60 **正答4**　〈問題の原因を理解しているか〉を問う問題。
他の選択肢　1 → 聞く姿勢は相手に作ってもらう。
　　　　　　2 → 感情を伝えることについては書かれていない。
　　　　　　3 →「唐突で乱暴な印象を与える」と言っているが、乱暴な言葉は使っていない。

61 **正答2**　〈言葉の定義〉を問う問題

62 **正答1**　〈筆者の主張〉を問う問題
他の選択肢　2 → マジックフレーズは自分の印象を変えるために使う言葉ではない。
　　　　　　3 → 常識的な言い方を使った方がいいとは書かれていない。
　　　　　　4 → どちらが印象がいいかについては書かれていない。

「プレゼンが苦手」「ビジネス上の人間関係がうまくいかない」という悩み①の原因は、多くの場合「言い方」にあります。もしあなたが仕事中に部下から「○○の件、先方に伝えてもらえましたか？」と突然声をかけられたら、どう感じるでしょうか？　おそらく乱暴で唐突な印象を抱くと思います。

こんなとき、もし「少しお時間よろしいですか」と一言添えられていたら、かなり印象が変わるのがわかると思います。これを私は「マジックフレーズ」と呼んでいて、話しかけるとき、冒頭に入れるとすんなりと本題に入れます。「マジックフレーズ」は、一言添えるだけで、相手の印象がぐっとよくなる「大人のモノの言い方」の代表例です。②

使用する際に、常に意識して欲しいのが「さりげない気配り」と「相手に恥をかかせないこと」です。ビジネスで何かを説明するとき、とにかく論理的にと考えがちですが、論理だけでは通らないと感じる場面もあると思います。話すことは「頭脳の交換」。論理的に話して頭脳に働きかけることはもちろん重要です。しかし、人間は感情の生き物でもあります。みなさん「もっともだから腹が立つ」という経験はありませんか？

そんなときに必要なのが「さりげない気配り」です。相手の立場や気持ちを考えて大人の気配りをすれば、必ず聞く姿勢になってくれます。またそれと同時に「相手に恥をかかせないこと」も重要です。例えば、相手が知らないことを説明するときに「常識ですけど」と言い添えてしまえば、相手は気分を害します。人間の根本にある自尊感情を守るように意識して話してください。

60「突然声をかける」＝相手のことを考えていない→人間関係が悪くなる

61「大人のモノの言い方」＝「マジックフレーズ」。マジックフレーズは相手のことを考えた言い方のことなので、2が正解。

62 筆者は「相手への気配りが大切」と言っている。相手の都合を聞いてから話すことは、相手に気配りをしていることになるので、1が正解。

ことばと表現

□ **先方**：相手。
□ **冒頭**：初めに。
□ **すんなり**：問題が起きて止まったり、前に進みにくくなったりしないで、順調に進む様子。
□ **ぐっと**：とても。
□ **自尊感情**：自分自身を価値のあるものととらえる気持ち。

（2）

63 **正答1**
せいとう

64 **正答1**
せいとう

65 **正答4**
せいとう

　精神医学の領域では、一九七〇年代から「仕事となると本気を出せないが、ボランティアや趣味となると生き生きとがんばれる」というタイプの人たちが存在し、少しずつ増えているという現象が注目されていた。

　精神医学者の笠原嘉氏は、こういった傾向の背後に「正業不安①」という心理を見ている。「仕事となると怖じ気づき、本気に取り組むことができないが、副業や課外活動となると全力投球できる」という人たちは、自分が評価されることをどこかで恐れている。

　だからこそ、仕事の場では「本気は出していないし」という態度を取り、ボランティアや趣味のように「これはあくまで本業じゃなくて遊びだから」と自分やまわりに言い訳ができるような場面だと、逆に一生懸命に取り組むことができるわけだ。もちろん、彼らはそういった課外活動を本業にした瞬間、今度はそちらに真剣に向き合うことができなくなり、休みがちになったり手を抜い②たりしてしまう。

「ボランティアに夢中だから、それを足がかりに社会的起業をしたい」という若者はどうなのだろう。彼らにもどこかこの「正業不安」の傾向があり、ボランティアでは大学の授業のように成績がつけられたり、成果主義を問われる会社のように評価が下されたりすることがないからこそ、気楽にのびのびと活動ができるのではないだろうか。

　（中略）

　二〇年後、ボランティアから起業し、社会性と経済性を両立させた若き成功者がゴロゴロと……という社会はちょっと想像しにくいのだが、ここはひとまず、「お金になんかとらわれずに、役立つことをやっていきたい」という若者の誠意をあまり疑わずに信じることにしようか。

63 「怖じ気づく：怖がる」、「全力投球：100％の力で」。どちらも漢字から意味を推測する。
1○

64 「自分が評価されることを恐れ」「言い訳できるような場面だと一生懸命」。
1○

65 「ゴロゴロ：多い様子」。
4○

ことばと表現

□ **副業**：主な仕事以外にする仕事。
ふくぎょう　おも　しごといがい　しごと

□ **本業**：自分がするべき主な仕事。
ほんぎょう　じぶん　おも　しごと

(3)

66　正答 **4**

67　正答 **1**

68　正答 **4**

他の選択肢

1 →「英語が得意だから、大学の英文科に進む」と思っていたのは、筆者ではなく高校の先生。

2 →筆者は英語ではなく物理学を選んだ。

3 →「自分が『できること』を選ぶのは、選択基準としてはベストではないと思います」と言っている。

　私は小学生の一時期をアメリカで過ごした帰国子女だったので、英語はずっと得意科目でした。そのためか、高校時代の先生は、私が大学の英文科に進むものと思っていたようです。得意なものに直結した道に進むのが自然だ、と先生は考えていたのでしょう。

　でも私自身は、とくに英語が好きだったわけではなく、英文科という選択肢は頭にありませんでした。最終的には好きな物理学の道に進み、いまにいたっています。

　自分が得意なことと、探求したいと思うことは、必ずしも一致するわけではありません。私の場合、英文科に進んでいれば、おそらく大学での勉強は楽だったと思います。でも、それで満足できたかどうかは、また別の問題です。①

　むしろ、得意とはいえないけれど好きなものがあって、たとえ人より時間がかかっても、それに取り組んでいるのが幸せと思えるのなら、それを選ぶほうが充足感を得られるはずです。自分が「できること」を選ぶのは、選択基準としてはベストではないと思います。

　（中略）

　大学の学部選びでも、「できること」と「好きなこと」のどちらを優先すべきかと問われたら、私の答えは断然、「好きなこと」です。秀でていなくてもいい。好きなことがあるなら、それをどんどん追求したほうがいいと思います。②

66 下線部の「それ」＝「大学での勉強は楽である（＝大変ではない、簡単にできる）こと」。「楽であること」と「自分が満足できるかどうか」は関係がない、つまり、楽だったとしても満足できるかどうかはわからないと言っている。

67 「それ」＝「人より時間がかかっても、取り組んでいるのが幸せだと思えるもの」＝「得意とはいえないけれど好きなもの」

68 この文章全体で、「得意なこと（＝できること）をやっても満足できないこともある」、「好きなことをやったほうが満足できる」、「大学での勉強も得意なことより好きなことを選んだほうがいい」ことを主張している。

ことばと表現

□ **〜にいたる**：ある時間・時点になる。

□ **断然**：誰が見ても明らかに。

問題12（統合理解）

69 **正答2**　〈AB の主張の共通点と異なる点を正しく理解しているか〉を問う問題

他の選択肢　1→ Aは「市民生活が充実していなかった」とは述べていない。
　　　　　　　Bは「働く場所が少なかった」とは述べていない。
　　　　　　3→ Aは近隣の人については述べていない。
　　　　　　4→ AもBも「土地が有効活用されていなかった」とは述べていない。

70 **正答3**　〈AB の主張の共通点〉を問う問題。

他の選択肢　1→ Bは子育て環境については述べていない。
　　　　　　2→ Bは市民生活の質については述べていない。
　　　　　　4→ Aは町の経済については述べていない。

A

　閉園した遊園地の跡地の利用方法について、議論が交わされている。この遊園地は、40 年にわたり市民に愛されてきたので、その跡地も市民のためになるような使われ方をしてほしいものだ。

　例えば、公園やスポーツ施設、保育園などにするのはどうだろうか。子育てがしやすく、豊かに暮らせる環境が整っていれば、この町に住みたいと移住してくる人が増え、人口の減少に歯止めをかけることができるだろう。せっかく広い土地があるので、市民生活の充実が図れるような使われ方がされることを期待したい。

> **69** Aは遊園地は市民に愛されてきたと言っており、Bは町に活気があったと言っている。

B

　遊園地の跡地の利用方法について、さまざまな意見が出されている。どうすれば広大な土地を有効活用できるだろうか。

　遊園地があったころは、近隣の地域から多くの人が訪れ、町全体に活気が感じられた。あのにぎわいを取り戻すために、跡地には人が集まる施設を作るのがいいのではないだろうか。大規模なショッピングセンターを造れば多くの客が利用し、そこに雇用も生まれる。近くにマンションも建設すれば、住む人が増え、町の人口増加にもつながる。そうなれば、町の経済の活性化につなげることができる。跡地を有効活用して、町の発展に役立ててもらいたい。

> **70** AもBも人口増加について述べている。

ことばと表現

□ 跡地：かつて、それがあった場所。
□ 歯止めをかける：よくない流れを止める。
□ 充実を図る：内容がさらによくなるようにする。
□ にぎわい：活気。「にぎわう」の名詞形。

問題13（主張理解）

- 71 正答2　〈問題が起こる背景を理解しているか〉を問う問題
- 72 正答1　〈同じ意味を表す表現を理解しているか〉を問う問題
- 73 正答4　〈書かれていることの内容理解〉を問う問題

　人間の中には悪口を言いたい悪意みたいなものもある。自分の本名も顔も出ないネット空間ではその悪意が一気に表に出てくるのです。怒りや憎しみしか生み出さない不毛なやり取りに、時間と労力を取られるのはなんとも空しいものだと思います。

　ただ、ネット空間だからこそ起きる誤解もあります。コメントの言い争いの発端を見ると、中にはジョークに過ぎない言葉を真に受けて返され、話がこじれているようなケースも見られます。

　短いコメントのような言葉ではなかなか通じないニュアンスがある。これは日常のメールやLINEのやり取りで実感していることではないでしょうか。

　本人は親しみを込めて「バカじゃないの？」と言っているつもりでも、その言葉だけがアップされると、受け取る方は完全否定のように感じてしまいます。

　本来、言葉と言うのは身体表現とセットになっているものです。同じ「バカじゃないの？」という言葉も、表情やしぐさ、言葉の間合いや響きによってニュアンスがさまざまに変わる。ネット空間の言葉はそのような身体言語が取り払われたものですから、ニュアンスは伝わりにくい。

　手紙は文章が長く、文脈の中で解釈できる幅があります。また、面識のある同士でやりとりされます。ネットの言葉はどうしても短い。文脈から解釈するのは難しいのです。

　絵文字が発達してきたのは、言葉だけでは足りない部分を補足するためでしょう。ニュアンスをできるだけ表現したいということだと思います。

　文字というのは、それだけだと、ある意味冷たいものです。書き言葉だけだと本来の表の意味が強調され、ニュアンスや裏の意味はまず表に出てきません。「バカだね」という書き言葉からは、字面通り、相手からの否定のメッセージを真っ先に感じ取ります。

　元来冷たい言葉に悪意を乗せて配信すると、破壊的な力を持ちます。

　短い言葉でグサリと刺されると、その痛みがいつまでも残り、自由な思考や行動を奪われてしまいます。

　しかも話し言葉の場合は時間とともに消えますが、書き言葉の場合はずっと記録に残り続け、同じメッセージを繰り返し発することになる。文字というのは冷たくかつ強いのです。

---

71 ジョークのつもりで言ったことを相手が真剣にとらえてしまう、親しみを込めて言っていてもそれが伝わらない→誤解を生む

72 表情やしぐさ＝身体言語。ネット空間の言語は身体言語がないから、ニュアンスが伝わりにくいと言っているので、1が正解。

73「言葉と言うのは身体表現とセットになっているもの」なので、身体言語があるほうが伝わりやすい。

ことばと表現

□ 空しい：努力がむだになる。内容がない、意味がない。feel empty ／空虚／ trống rỗng (tâm trạng)

□ ジョーク：冗談。㊜joke より。

□ しぐさ：体や手の動き。

□ 響き：音や声の聞こえ方。

□ 元来：もともと。

□ アップされる：できあがる。ここでは、ネット上に出る。

□ 間合い：話す速さやリズム、調子

□ 面識がある：お互いに知っている。

□ かつ：また。

問題14（情報検索）

| 74 | 正答2 |
| 75 | 正答2 |

歩こう！さくら町ウォーキング大会

今年も「さくら町ウォーキング大会」を行います。
きれいな景色を見ながら、みなさんで歩きませんか。

日 時 11月20日(日)10：00〜

コース コース：30km、10km、3km

参加条件	小学生以上の方
参加費	大人 1500 円 家族や知り合いと一緒に参加 1200 円 （※大人2名以上） 高校生以下 700 円 ※さくら市内の中学生以下は無料
申込方法	インターネットまたは郵送
申込締切	20XX 年 11 月 6 日(金) ※当日の申し込みはできません。
参加費の支払方法	クレジットカード払いまたはコンビニ払い。
参加費の支払期限	11 月 16 日(木)

★ 大会ボランティアも募集しております。ご協力いただける方は、10月30日(金)までにお電話かメールでご連絡ください。

さくら市ウォーキング実行委員会

電話：987-654-3210
e-mail：saura_waiking@ xx.xx.jp
URL：https://www.saura_waiking.xx.jp

74 原田さん（大人）と子ども（中学生）なので、1500 ＋ 0 円。　**2○**

75「いつまでにしなければならないか」は「締切」で示される。　**2○**

聴　解

問題1

例　正答3　^{1st}03

会社で女の人と男の人が話しています。男の人はこれから何をしますか。

F：佐藤君、悪いんだけど、明日の会議の準備、ちょっと手伝ってもらえない？　社長にほかのこと頼まれちゃって。

M：うん、いいよ。何すればいい？

F：この資料、20部ずつコピーして、セットしといてほしいんだけど。あ、でも、中身、ちょっと見てもらってからがいいかな。一応、ざっとは見直したんだけど。

M：わかった。…あれ？　これ、価格が違うよ。

F：えっ、うそ！　違ってた？

M：うん、これ。25,000円じゃなくて、28,000円。…ってことは、この売上のグラフも違ってくるね。

F：ごめん、ざっとチェックはしたんだけど…。

M：まあ、とりあえず、もう一回一通り見てみるよ。ファイル、メールで送っといて。後で直しとくから。

F：ごめんね。すぐに送る。

男の人はこれから何をしますか。

1　しりょうをコピーする
2　しりょうをメールで送る
3　しりょうの内容をチェックする
4　しりょうのグラフを修正する

ことばと表現

□〜ってことは…：〜ということは。

□とりあえず：ほかのことは置いておいて、まず第一に。とりあえず for now ／总之／ tạm thời, trước mắt

□一通り：最初から最後まで、軽く全体を。

1番　正答3
〈発話者がこれからする行動〉を答える問題

〈1st 04〉

　会社で男の人と女の人が話しています。男の人はこのあと何をします
か。

M：どうしよう。ファイルが開けなくなってる。

F：何のファイル？

M：ふじ食品の倉庫の設計図。あー、データが壊れちゃってる。
　　さっき取引先から電話があって、すぐにメールで送ってほしいって
　　言われたのに。

F：ふじ食品に電話して、事情を説明したら？

M：いや、それは言いにくいよ……。でも今から作り直してたら、半日
　　はかかっちゃうな。

F：じゃあ、やっぱり電話して、ちょっと待ってほしいって言うしかな
　　いんじゃない……。

M：うん……。

F：どこかほかにファイルを入れてない？

M：そうだ！　前に営業部の田中さんにも送ったから、持ってるかも。

F：あるんじゃない？　聞いてみたら？

M：そうだね。まずは田中さんに聞いてみるよ。

「まずは」と言っているので3が正解。

　　男の人はこのあと、何をしますか。

　1　取引先に電話して事情を説明する
　2　設計図を作り直す
　3　田中さんがファイルを持っているか確認する
　4　田中さんにファイルを送ってもらう

ことばと表現

□ 設計：plan; design ／设计／ thiết kế
　せっけい
□ 取引先：仕事で取引をしている相手
　とりひきさき　しごと　とりひき　　　　あいて
□ 事情：circumstances ／事情／ lí do, tình hình
　じじょう
□ 半日：一日の半分。
　はんにち　いちにち　はんぶん
□ 営業部：sales department ／营业部／ phòng kinh doanh
　えいぎょうぶ

2番　正答1

〈発話者がこれからする行動〉を答える問題

1st 05

　大学で男の学生と女の学生が話しています。女の学生はこのあとどうしますか。

F：ねえ、来月の学会のセミナー、もう申し込んだ？

M：うん。

F：申し込み方法、教えてもらえる？

M：うん。学会のホームページから申し込みをするんだけど。
　　あっ、学会の会員になってる？

F：なってない…。山本君は会員になってるの？

M：ううん。会費が高いから、なってない。会員じゃなくても、セミナーに申し込めるしね。まあ、会員だと参加費が半額なんだけど。

F：半額か…。じゃあ会員になろうかな。

M：会員になるには、すでに会員になっている人の紹介が必要なんだよ。

F：そうなんだ…。どうしよう。

M：青山先生に頼んでみたら？

F：そうだね。

会員になるためには紹介が必要。まずは紹介してくれる人を探さなければいけないので1が正解。

　女の学生はこのあとどうしますか。

　1　青山先生に紹介をお願いする
　2　学会の会費を払う
　3　セミナーに申し込む
　4　学会のホームページを見る

ことばと表現

□ 学会：研究者の集まり。

□ セミナー：勉強会や講演会。㊓ seminar より。

□ 会費：会を運営するために払う費用。

3番　正答4
発話者がこれからどうするかを問う問題

会社で、男の人と女の人が話しています。男の人は、新幹線の席をどう予約しますか。

M：田中さん、ちょっといいですか。

F：はい、何でしょう。

M：木曜日の日帰り出張なんですけど。新幹線の席決めませんか。これ見てください。白いところが空席です。

F：この中から選べばいいんですね

M：ええ。どれがいいと思いますか。私たちと部長、3人並んで座るか、通路を挟んで2・1で分かれるか、前後に分かれるか……。

F：うーん。私はどこでもいいですが。でも、通路を挟むと、話したいときに声が聞こえづらいかな。

M：そうですね。あと、3人席でも2人席でも部長は窓側の席になると思うんですが、3人席だと余計に通路に出にくくなりますよね。トイレに行きづらくなるんじゃないかと思って……。

F：確かに。乗る時間、結構長いですしね。じゃ、この前後のパターンにしましょうか。

M：ええ、そうしましょう。

男の人は、新幹線の席をどう予約しますか。

「3人席だと通路に出にくい」→2列席のほうに座る

前後のパターン→3か4。2列席に座るので、答えは4。　**4○**

ことばと表現

□ **通路**：passage ／通道／ lối đi

□ **挟む**：hold between ／夹／ kẹp

4番　正答4

発話者がこれからどうするかを問う問題

1st
07

男の人と女の人が話しています。男の人はこのあとまず何をしますか。

M：引っ越しの準備をしてるんだけど、引っ越し業者は今、どこも忙しいみたい。いろんなとこに聞いてるんだけど、なかなか希望の日が空いてなくて……。

F：3月って、引っ越し多いもんね。一人暮らしを始める人が多いんだよね？

M：そう。ぼくみたいなのが。これからは自分で家事もやらないと。料理、洗濯、掃除…いろいろ全部。

F：冷蔵庫とかの家電類は新しく買うんでしょ？

M：うん。引っ越した後、すぐにね。

F：じゃ、荷物はそんなにないんじゃない？

M：うーん、服とかはそんなにないけど、棚やら自分の趣味のものやら、意外とあるよ。

F：引っ越しだからって、専門の業者さんに頼まないといけないってわけじゃないよ。そんなに多くないなら、宅配便を使って段ボール箱で荷物を送ったっていいんだし。それか、距離が短かったら、レンタカーで運ぶっていうやり方もある。

M：なるほど。うちの親もぼくも、一応、免許は持ってる。

F：でも、最近、運転してないなら、やめといたほうがいいかも。

M：うん。事故を起こしても嫌だしね。とりあえず、荷物がどのくらいの量になりそうか、考えてみるよ

F：うん。送るのが一番手軽でいいんじゃないかな。

男の人はこのあとまず何をしますか。

1　引っ越し業者に問い合わせる

2　宅配便で荷物を送る

3　レンタカーを借りる

4　荷物の量を確認する

「とりあえず」から、まず一番にこれをすることがわかる。

ことばと表現

□ **業者**：ある分野の仕事を専門的に行う会社など。また、そこで働く人。

□ **意外と**：思っていたのと違って。イメージと違って。

□ **手軽(な)**：簡単な、簡単にできる。

5番　正答3

発話者がこれからどうするかを問う問題　1st 08

家で夫婦が話しています。女の人はこのあと何をしますか。

F：実家に帰るの久しぶりだね。

M：うん。1年半ぶり。ずっと忙しくて帰れなかったからなあ。

F：ご両親、喜ぶよ。

M：うん。

F：ところで、いつもは新幹線で帰るじゃない。車だとやっぱり時間かかるよね。

M：お正月だからね。高速道路は間違いなく渋滞するよ。

F：じゃ、5時間とか6時間とか？

M：そうだね。そう思って、昨日ガソリンを入れておいたよ。

F：ご苦労さま。……そうだ食べ物や飲み物は、明日の朝、高速道路に入る前にコンビニで買っておこう。

M：それがいいね。それにしても、お土産やら何やらで、荷物が多くなりそうだね。

F：うん。

M：荷物、まとめといてくれたら、僕が運ぶから。

F：わかった。今からやっとく。

女の人はこのあと何をしますか。

1　ガソリンを入れる
2　食べ物と飲み物を買う
3　荷物を用意する
4　買ったものを車に入れる

食べ物や飲み物を買うのは「明日の朝」。　2×

「荷物をまとめる＝荷物を用意する」と読み取る。　3○

ここで「荷物」を車に入れるのは夫（「買ったもの」ではない）。

ことばと表現

□ **実家**：生まれ育った家、親と一緒に暮らした家。

□ **渋滞（する）**：道が混んでいること。

□ **〜やら〜やら**：〜や〜など、いろいろある様子。簡単ではない、大変だ、整理がつかない、などの気持ちを含むことが多い。

問題2

例　正答3

〈発話者のある行動についてその理由〉を問う問題

1st 10

会社で、男の人と女の人が話しています。お店を決めた理由は何ですか。

M：田中さん、歓迎会のお店、決まった？

F：あ……はい、駅の反対側の「よこづな」っていう和食のお店になりました。

M：え？　イタリアンのお店じゃないの？　おすすめだって言ってたじゃない。

F：ええ。今回は……。

M：そうか……ちょっと残念だな。田中さんのお気に入りだから、期待してたんだけど。なに？　ちょっと高かった？

F：いえ、高くはないです。むしろ安い方だと。ただ……。

M：ただ……？

F：部長がすごくいいお店だって言うから…。おいしくて、サービスがいいって。

M：ああ、そういうことね。じゃ、しょうがないね。そのイタリアンのお店はこの次、行こうよ。

F：そうですね。

お店を決めた理由は何ですか。

1　値段が安いから
2　和食の店だから
3　部長が強くすすめるから
4　田中さんが好きな店だから

部長が強く店をすすめていることと、部長の意見を軽く扱えないことがわかる。　　3○

ことばと表現

□ ただ……：何かを認めた後、それとは違うことを述べる。控えめだが、話者が不満や意見を表すことが多い。

1番　正答3

〈発話者のある行動について、その理由〉を答える問題　⑪11

　女の学生と男の学生が話しています。男の学生がアルバイトに応募するのを迷っている理由は何ですか。

F：こないだアルバイト探してるって言ってたけど、何か見つかった？

M：うん、一つ応募しようか迷ってるのがあるんだ。

F：何のアルバイト？

M：ホテルのフロント。日本語と英語ができる人を募集してて、外国人でもOKなんだ。

F：じゃあ、ケビンさんにはちょうどいいね。

M：うん。ホテルの仕事は経験がなくてもいいみたいだし。

F：じゃあ、どうして迷ってるの？　時間が長いの？

M：いや、その点は大丈夫。一日4時間以上、週3日以上できればいいっていうことだから。ただね、外国人の場合は、日常会話レベルの日本語力が必要って書いてあって……。

F：ケビンさんなら、大丈夫じゃない？

M：直接話すのはできると思うんだけど、電話で話すとなると、ちょっと自信がなくて……。

F：とりあえず応募してみたら？　だめだったら、次を探せばいいじゃない？

M：そうだね。それ以外は、場所とか時給とか、だいたい希望通りだし。

「電話になると自信がなくて」と言っているので3が正解。

　男の学生がアルバイトに応募するのを迷っている理由は何ですか。

1　ホテルで働いたことがないから
2　仕事をする時間が長いから
3　日本語で電話するのが得意じゃないから
4　思ったより場所が遠いから

ことばと表現

□ **応募する**：申し込む。
□ **夜勤**：夜から朝まで働くこと。

2番　正答4

〈発話者のある行動について、その目的〉を答える問題

1st
12

> 会社で男の人と女の人が話しています。男の人はどうして女の人に電話をかけたのですか。
>
> M：もしもし、田中です。おはようございます。
> F：ああ、田中さん。おはようございます。
> M：昨日の夕方、メールを送ったんですが、見ていただけましたか。
> F：あっ、すみません。昨日は会議が終わるのが遅くなって、まだ見てないです。
> M：コピー機の定期検査の日についてなんですが、今週金曜の午後2時からで間違いなかったですか。
> F：はい、その日時で合っています。
> M：わかりました。今日中にほかの部署の人にも知らせないといけないので。30分くらいですよね。
> F：ええ。それぐらいで終わると思います。
> M：わかりました。
>
> 男の人はどうして女の人に電話をかけたのですか。
>
> 1　会議で検査の日を決めるから
> 2　検査の日時を間違えていたから
> 3　ほかの部署の人に頼まれたから
> 4　検査の日を今日中に確認したかったから

「～で間違いないですか」は確認をするときの表現なので、**4**が正解。

ことばと表現

□ 部署：会社の中の仕事によって分かれている区分。

3番　正答1

〈発話者のある行動について、その理由〉を答える問題

[1st 13]

女の人と男の人が話しています。男の人はどうして一人でキャンプに行くのですか。

F：連休は何してたんですか。

M：一人でキャンプに行ってました。

F：ええっ、一人で？　キャンプって、大勢で行って、一緒にご飯作ったりするのが楽しいんじゃないですか？

M：それもいいんですけど、一人っていうのも、なかなかいいんですよ。一人だと、日程も行き先も自由に決められますからね。

F：そうですけど……。寂しくないですか。

M：いえ、全然。自然の中に一人でいると、頭も心もすっきりするんです。特に夜、たき火の火を見ながらおいしいコーヒーを飲んでいるときは、日常の面倒なことを忘れて、気持ちがとても落ち着くんです。

F：へえ、そうなんですか。

M：どうですか？　今度一人で行ってみたら？

F：いえ、私はやめておきます。

男の人はどうして一人でキャンプに行くのですか。

1　一人で静かに過ごしたいから
2　大勢で行くのが好きではないから
3　友達と予定を合わせるのが面倒だから
4　自分が好きなご飯を作れるから

2〜4については言っていないので、1が正解。

ことばと表現

□ 連休：2日以上続く休日。
□ キャンプ：camp ／野営／ cắm trại
□ 日程：日にちや期間。
□ たき火：木に火をつけて燃やすこと。

4番　正答3

〈話者の行動について理由〉を問う問題　　1st 14

　　男の人と女の人が話しています。男の人はどうして待ち合わせに遅れましたか。

M：ごめん、ごめん。遅くなっちゃった。

F：もう！　遅れるなら遅れるで、どうして連絡くれなかったの。心配したんだから。

M：ごめん。昨日の夜、充電し忘れちゃって。スマホが使えなかったんだよ。

F：あ、そう。・・・で、どうして遅れたのよ。バイトが長引いたの？

M：いや、それはなかったんだけど、行こうとしたら置いといた自転車がなくなってて。

F：え、盗まれたの？

M：いや。自転車を停めたらだめなところに停めてたから、持ってかれたんだよ。ぼくが悪いんだけどね。駅前はなかなか停めるところがなくて……。

F：そうだったんだ。

M：だから、一生懸命走ってきたんだよ。

F：それはご苦労さま。

　　男の人はどうして待ち合わせに遅れましたか。

1　スマホの充電がなくなったから
2　アルバイトが予定通りに終わらなかったから
3　自転車が使えなかったから
4　駅の反対側に行ってしまったから

> 「で」は「それで」と同じ意味。話の続きを相手にしてもらいたいときに使う表現。ここで「どうして遅れたのよ。」と尋ねているので、このあとに答えがある。

ことばと表現

□ 充電(する)：recharge ／充电／ nạp điện
□ 長引く：思ったより時間がかかる
□ 持ってかれた：「持っていかれた」が短くなったもの。ここでは、市などが自転車を別の場所に移したことを意味する。

5番　正答3
〈あるテーマに関する問題点〉を問う問題

テレビでアナウンサーと専門家が話しています。専門家はセルフレジの問題はどんなことだと言っていますか。

M：ここ数年でセルフレジが急速に普及していますが、このことについてどのようにお考えでしょうか。

F：最近はスーパーやコンビニだけでなく、飲食店などでも増えてきましたね。セルフレジには大まかに2種類あります。フルセルフレジとセミセルフレジです。前者はバーコードの読み取りから支払いまですべて利用客が行うものです。一方、後者は商品の情報は店員が入力し、支払いの部分のみを利用客が行います。

M：フルセルフレジでは、バーコード入力に苦労するお客さんも多いですよね。セミセルフレジだと、比較的スムーズに進むので、あまり時間はかかりません。

F：そこがまさにセルフレジ導入の課題なんです。フルセルフレジにすれば、雇う店員の数を減らすことができ、その分の予算を新しいセルフレジの導入に使うことができます。また、セルフレジを置くスペースを広げることができます。ところが、利用客がなかなかこのシステムに慣れないんです。だから、セミセルフレジのほうが抵抗が少ないと思います。ただ、その場合、1台につき店員が1人必要になり、結局、店員の数は今までと変わらないことになるんです。

M：なるほど。

F：もちろん、お金の処理はレジが自動でしてくれるので、店員の作業が1つ減り、その分、回転も速くなります。利用客にとってはいいことでしょう。しかし、セルフレジ導入には多くの予算が必要ですので、雇う人の数が変わらないとなると、なかなか難しいものがありますね。

専門家はセルフレジの問題はどんなことだと言っていますか。

1　セルフレジに慣れない客からクレームが来ること
2　セルフレジには多くの費用がかかること
3　セルフレジを取り入れても、店員の数が変わらないこと
4　セルフレジを置くための十分な場所がないこと

「まさに」は強調する表現なので、キーポイントとなる発話の時に使われる。「結局」以降に結論を述べている。

ことばと表現

□ **急速に**：変化が急な様子。

□ **普及（する）**：spread ／普及／ phổ cập

□ **大まかに**：broadly ／大体上／ đại loại, khái quát

□ **読み取り**：コンピューターがデータを読み取ること。

□ **前者**：former ／前者／ việc được nhắc đến trước, cái trước

□ **後者**：latter ／后者／ việc được nhắc đến sau, cái sau

□ **比較的**：relatively ／比较／ khá là ~

□ **スムーズに**：物事が問題なく進む様子。

□ **まさに**：truly ／正是／ đúng là ~

□ **導入**：方法などを取り入れること。

□ **雇う**：会社や店などが人を使うこと。

□ **予算**：budget ／预算／ ngân sách

□ **抵抗**：resistance ／抵抗／ phản kháng

□ **処理**：processing; management ／处理／ xử lí

□ **回転**：回ること。ここでは、客の流れのこと。

6番　正答3

〈話者にある行動について、理由〉を問う問題　⏺16

男の人と女の人が話しています。女の人がスポーツクラブに見学に行く一番の理由は何ですか。

F：ねえ、最近、駅ビルにスポーツクラブができたんだって。ここから近いし、見学に行って来てもいい？

M：別にかまわないけど、どうしたの？　運動は苦手だって言ってたじゃない。

F：ダンスとかボールを使ったスポーツとかはだめだけど、スポーツクラブだったら、自分に合った運動を選んでやればいいでしょ。

M：それはそうだけど…。でも、なんか急だなあ。ほんとは誰かに誘われたんじゃないの？　一緒に行こうって。

F：違うけど、まあ、似たようなものかな。実は、インストラクターの一人が高校の時の友達なのよ。一度見に来てって頼まれちゃって。1階にレストランがあって、お昼をごちそうしてくれるって言うし。

M：なるほど、そういうことか。珍しいことを言うなって思ったんだよ。

F：でも、最近、太り気味だし、よさそうだったら通ってもいいかなって思ってる。運動はしたほうがいいからね。

M：そうだね。いいんじゃない？

女の人がスポーツクラブに見学に行く一番の理由は何ですか。

1　自分に合った運動ができるから
2　レストランが無料になるから
3　高校時代の友達に頼まれたから
4　最近太ってきたから

> 「実は」は本音を言うときに使う表現。本当の理由は「実は」以降に話されている。

ことばと表現

□ 見学（する）：look around ／参観／ thăm quan
□ 珍しい：rare ／少有的 / 珍奇的／ hiếm hoi

問題3

例　正答2 

> テレビで女の人が話しています。
>
> 　最近は、市民マラソンがあちこちで開かれるようになりましたね。私の町でも、3年前から開催されています。元々ジョギングを楽しむ人は多かったんですが、マラソン大会が開かれるようになって、走る人が年々増えているように思います。まあ、健康的で、いいことだとは思うんですが、中には遊歩道をスピードを出して走る人もいて、いきなり後ろから追い越されて、びっくりすることがあります。ゆっくり歩いてるお年寄りや、小さい子どもを追い越すのを見るたびに、ひやひやします。
>
> 　女の人は何について話していますか。
>
> 　1　前の人の追い越し方
> 　2　走っている人のマナー
> 　3　マラソン大会で驚いたこと
> 　4　市民マラソンのおもしろさ

ことばと表現

□ 遊歩道：公園などに、散歩用に作られた道。
□ いきなり：突然。
□ ひやひやする：危険が近づくのを感じて、恐れる、心配する。

1番　正答2
発話内容をとらえる問題 

> テレビでアナウンサーが映画の紹介をしています。
>
> 　日本映画がフランスの映画祭で作品賞を受賞しました。この映画は有名作家の小説をもとに作られています。突然、妻を亡くした50代の男性と、子供のときに母親を亡くした20代の女性の心の交流を、丁寧に描いています。二人が旅をする中で人生に希望を取り戻していく様子が、多くの人々の共感を呼び、大きな感動を与えているようです。映画の大半は瀬戸内海の島で撮影されており、その美しい風景も映画の見どころのひとつとなっています。上映開始後、撮影地を訪れたいという人が増えているそうです。

「多くの人の共感を呼ぶ」と言っているので、2が正解。

この映画の魅力は何だと言っていますか。

1　原作の小説がおもしろいところ

2　多くの人の共感を呼ぶところ

3　海外でも高く評価されているところ

4　きれいな景色が見られるところ

ことばと表現

□ 映画祭：すぐれた映画作品に賞を与えるイベント。

□ 共感（する）：自分のことのように同じように感じること。

□ 瀬戸内海：日本の本州と四国の間の海。

□ 見どころ：作品などの注目すべきところ。

□ 上映（する）：映画館で映画を見せること。

□ 受賞（する）：賞をもらうこと。

□ 大半：大部分。

□ 撮影（する）：カメラで映像を撮ること。

2番　正答3

〈発話内容のテーマ〉をとらえる問題

テレビ番組で女の人が話しています。

　現代人はパソコンやスマホを見ている時間が長くなっています。それによって、目が疲れ、目が乾いたり痛くなったりします。また、イライラしたり、怒りっぽくなったりして、頭痛を引き起こすこともあります。目の疲れをやわらげる方法には、遠くを見たり、眼球を動かす運動などがありますが、ローソクの火を見るという方法もあるそうです。ローソクの火は明る過ぎないので、じっと見つめることができます。ローソクの火を集中して見ることによって、心が落ち着き、目の疲れも取れるそうです。火を見つめる時間は1分ぐらいが適当だということです。

　女の人は何について話していますか。

1　パソコンと頭痛の関係

2　ローソクが燃える時間

3　目の疲れを取る方法

4　火が心を落ち着かせること

「目の疲れをやわらげるには」と言っていろんな方法を紹介しているので、3が正解。

ことばと表現

□ イライラする：feel annoyed ／坐立不安 / 烦躁不安／ bồn chồn, sốt ruột

□ やわらげる：moderate ／缓解／ làm dịu lại

□ ローソク：candle ／蜡烛／ nến

□ 眼球：目の玉。

□ 見つめる：その物に集中して見続けること。

3番　正答4
話題を問う問題

1st 22

会社で、上司と男の社員が新人の歓迎会について話しています。

F：歓迎会を昼休みにしようって意見があるんだけど、どう思う？

M：今度の新人さんのですか。そうですね、歓迎会って夜の飲み会のイメージが強いですが、夜だと家庭の都合で参加できなかったり、途中までしかいられなかったりする人がたいていいますし。昼だと、お酒がないと盛り上がらないって言う人もいますけど、こういうのは参加することに意味があるんだと思います。お酒が飲めない人や騒ぐのが苦手な人もいますし。

F：なるほど。むしろ、そういう人が増えてるかもね。ありがとう。

男の人の意見は何ですか。

1　歓迎会に参加できない人が多すぎる。
2　夜の飲み会は大切にしたほうがいい。
3　お酒がないと歓迎会は盛り上がらない。
4　歓迎会は昼休みにしたほうがいい。

> 夜にすることのデメリット

> お酒がなくても、参加することに意味がある→昼でいい

ことばと表現

□ 盛り上がる：気持ちや（イベントなどの）雰囲気が高まること。

4番　正答2
話題を問う問題

1st 23

テレビで、アナウンサーが話しています。

この20年で本屋の数は減る一方ですが、そんな中で、より本屋に親しみを持ってもらおうと、どのお店もいろいろな工夫をなさっています。今日はこちらのお店をご紹介します。

例えば、子どもコーナー。これまで、子どもが触ると本が傷んだり汚れたりするので、あまりゆっくりできませんでした。しかしこちらでは子ども用のいすが並べてあり、座って読むことができます。そして、こちらのカフェ。購入済みの本が読めるだけでなく、コーヒーを飲みながら本を選ぶことができます。文具や雑貨の扱いもより幅広くなりました。

> 本屋がやっている工夫についての話が始まるとわかる。

> この本屋が行っている工夫を紹介している。

アナウンサーの話のテーマは何ですか。

1　本屋の数の減少
2　本屋が行っているいろいろな工夫
3　子どもが店を汚していないか心配する親
4　文具や雑貨の新しい売り方

ことばと表現

□ **傷む**：物の状態が悪くなること。
□ **購入（する）**：買う。
□ **雑貨**：miscellaneous goods ／杂货／ tạp hóa
□ **幅広い**：持っているものの範囲が広いこと。

5番　正答4
話題を問う問題

ラジオで女の人が話しています。

　勉強したいと思いながら、忙しくて時間がないという方も多いと思います。でも、毎日の過ごし方を少し変えることで、勉強時間を得ることができます。一度に長い時間を取ることはできなくても、10分あるいは20分という時間を継続的に利用することができれば、大きな効果が期待できます。家に帰ってから何となくテレビを見ていた時間や、スマホを触っていた時間を見直してみましょう。ほんのちょっとした努力をすることで、忙しい方でも勉強にチャレンジできるんじゃないでしょうか。

女の人は何について話していますか。

1　勉強することの大切さ
2　読書の楽しみ方
3　時間の無駄遣いをやめること
4　勉強時間を持つための方法

「どうすれば勉強時間を得ることができるか」がテーマ。
4○

ことばと表現

□ **継続的に**：continuously ／持续的／ một cách liên tục

問題4
もんだい

例　正答2
れい　せいとう

> F：かたづけ、私の方でしておきましょうか。
> 　　　　　ほう
> M：1　わかった。そうしておくよ。
> 　　2　そう？　助かる。
> 　　　　　　　たす
> 　　3　いや、そんなことはないと思うよ。
> 　　　　　　　　　　　　　　おも

1番　正答2
ばん　せいとう　　　

> M：また部長に怒られちゃいました。
> 　　　　ぶちょう　おこ
> F：1　それは気になりますね。
> 　　　　　き
> 　　2　気にすることはないですよ。
> 　　　　き
> 　　3　やっと気が付いたんですね。
> 　　　　　　き　つ

1→共感を表している。
　きょうかん　あらわ
2→相手を励ます表現。
　あいて　はげ　ひょうげん
3→それまで相手が気付いていなかったことを
　　　　　　あいて　きづ
　表している。
　あらわ

2番　正答3
ばん　せいとう　　　

> F：この映画見たいけど、平日の昼間しかやっ
> 　　　えいが み　　　へいじつ ひるま
> 　てないのよ。
> M：1　その映画、すごくおもしろかったよ。
> 　　　　えいが
> 　　2　そうなんだ。人気なんだね。
> 　　　　　　　にんき
> 　　3　仕事はなかなか休めないもんね。
> 　　　　しごと　　　　やす

1→映画を見た感想を言っている。
　えいが み　かんそう い
2→「平日昼間＝人気がある」ではない。
　へいじつひるま　にんき
3→自分の意見を言っている。
　じぶん　いけん い

3番　正答3
ばん　せいとう　　　

> M：この日本酒、本当においしいですよね。
> 　　　にほんしゅ　ほんとう
> F：1　きっとおいしいに決まってますよ。
> 　　　　　　　　　き
> 　　2　そういうわけではありません。
> 　　3　賞を取っただけのことはありますね。
> 　　　　しょう と

1→おいしいと予想して言っている。
　　　　　　よそう　い
2→相手の意見を否定している。
　あいて　いけん　ひてい
3→相手に共感してほめている。
　あいて　きょうかん

4番　正答1
ばん　せいとう　　　

> F：最近、疲れ気味のようですね。
> 　　さいきん　つか　ぎみ
> M：1　お気遣いありがとうございます。
> 　　　　きづか
> 　　2　こちらこそ、お世話になりました。
> 　　　　　　　　　せわ
> 　　3　大変申し訳ありませんでした。
> 　　　　たいへんもう　わけ

1→相手の気遣いにお礼を言うときの表現。
　あいて　きづか　　　れい　い　　ひょうげん
2→お礼を言われたときの返事の挨拶。
　れい　い　　　　　　へんじ　あいさつ
3→謝るときの表現。
　あやま　　　ひょうげん

ことばと表現

□ ～気味：そのような様子や傾向があること。
　ぎみ　　　　　　　　ようす　けいこう

5番　正答2
ばん　せいとう　　　

> M：このティッシュ安いね。買っとこうかな。
> 　　　　　　　　やす　　　か
> F：1　あんまり高くないのがいいな。
> 　　　　　たか
> 　　2　まだ家にたくさんあるから、いいんじゃ
> 　　　　　いえ
> 　　ない。
> 　　3　本当に安くて、得したね。
> 　　　　ほんとう　やす　　とく

1→値段に対して希望を言っている。
　ねだん　たい　きぼう　い
2→今は必要ないと言っている。
　いま　ひつよう　い
3→買った後で感想を言っている。
　か　あと　かんそう　い

ことばと表現

□ ティッシュ：tissue ／手纸抽／ giấy ăn

6番　正答2
ばん　せいとう　　　

> F：私は並んでまでラーメンを食べたいと思わ
> 　　わたし　なら　　　　　　　　　た　　　　おも
> 　ないな。
> M：1　さまざまなラーメンがありますね。
> 　　2　考え方は人それぞれですよ。
> 　　　　かんが かた　ひと
> 　　3　ときどき行列ができてますね。
> 　　　　　　ぎょうれつ

1 → ラーメンの種類について言っている。

2 → ラーメン店に並ぶ人の考え方について言っている。

3 → 店の行列について言っている。

7番　正答1

> F：部長にお伝え願えますか。
>
> M：1　後ほどお伝えしておきます。
>
> 　　2　何をお願いしますか。
>
> 　　3　よろしくお願い申し上げます。

1 → 後で伝えると言っている

2 → 用件がわからないときの聞き方

3 → 相手に頼むときの表現

8番　正答1

> F：あれ？　このお店、今日お休みなのかな…。
>
> M：1　電話してから来ればよかったね。
>
> 　　2　開店してからにしたら？
>
> 　　3　注文してからのほうがいいかな。

1 → 休みだと知らなかったと言っている。

2 → まだ開店していないと言っている。

3 → 今は注文する前の状態

9番　正答3

> M：できることなら、一度あの歌手に会ってみたいなあ。
>
> F：1　ええ？　コンサートに行ったんですか。
>
> 　　2　昔から歌がお上手だったんですか。
>
> 　　3　どういうところが魅力なんですか。

1 → コンサートに行った人に対して聞いている。

2 → 歌が上手な人に対して言っている。

3 → 会ってみたい理由を聞いている。

▶ ことばと表現

□ 魅力：人の気持ちを引き寄せるすぐれたところ。

10番　正答2

> F：ご無沙汰しております。お元気でいらっしゃいますか。
>
> M：1　ええ。こないだお見えになりましたね。
>
> 　　2　ええ。去年お会いして以来ですね。
>
> 　　3　ええ。先日拝見しましたよ。

1 → 少し前に会ったと言っている。

2 → 去年会ってから今まで会っていなかったと言っている。

3 → 何かを見たと言っている。

▶ ことばと表現

□ 拝見（する）：「会う」「見る」の敬語。

11番　正答1

> M：あさってお休みをいただいてもよろしいでしょうか。
>
> F：1　ええ、かまわないですよ。
>
> 　　2　いや、できないこともありますよ。
>
> 　　3　それはよかったですね。

1 → 許可するときの表現

2 → 能力について言っている。

3 → 感想を言っている。

12番　正答2

> F：パスワードを忘れちゃって、メールが開けないんです。
>
> M：1　開こうと思ったら、開けるんじゃない。
>
> 　　2　パスワードを変更するしかないね。
>
> 　　3　もう一度メールを送ってみたら？

1 → 頑張ればできると言っている。

2 → 解決方法を言っている。

3 → この場合の解決方法として合っていない。

問題5

1番　正答3

〈会話全体をまとめて話者の選択〉を問う問題

（1st 40）

電気屋で店員と夫婦が話しています。

M：あの、すみません。洗濯機を探しているんですが…。

F₁：洗濯機ですね。こちらへどうぞ。

M：うーん…種類が多くて選べないなあ。うちは5人家族で洗濯物が多いんですが、おすすめはどれですか。

F₁：それなら10キロぐらいの容量があると安心ですね。こちらのドラム式は特に乾燥機能が優れているので、洗濯物を干さずに済みますよ。あと、ドラム式ですと、こちらは使う水の量が従来の半分程度で済むので、他のものに比べてかなり経済的です。

M：それは助かるなあ。どちらか迷うね。

F₂：でも、汚れに強いのは縦型なんですよね？　息子が野球をしてて、毎回泥汚れがひどいんですよ。

F₁：でしたら、縦型のほうがお勧めですね。汚れを落とす力は強いです。それから、こちらには洗剤を自動で入れるという機能がついています。毎回洗剤を入れる手間が省けます。あ、あと、向こうに展示しているものは、同じ機能がついているんですが、1つ前のモデルなので、こちらより2万円ほどお得です。

F₂：あら、それがいいんじゃない？

M：でも、何かと便利になってるだろうし、新しいほうがいいんじゃない？

F₁：そうですね…こちらの新しいモデルにはAI機能がついていて、どこからでもスマホで自由に操作できるので、特に共働きのご家庭に人気があります。

F₂：なるほどね。でも、AIなんて難しいのはうまく使う自信がないなあ。シンプルなやつでいいと思う。

M：そうだな。じゃあ、あっちの安いのにしようか。

夫婦はどの洗濯機を選びましたか。

1　乾燥機能が優れているドラム式洗濯機

2　水道代の節約になるドラム式洗濯機

3　洗剤を自動で入れることができる縦型洗濯機

4　スマホで動かすことができる縦型洗濯機

> 「でも」でドラム式洗濯機から縦型洗濯機に話題が変わっている。

> 「でも」で、夫がさらに別の提案をしているが、妻は最後にそれを再び否定している。

ことばと表現

- ☐ 容量：capacity／容量／dung lượng
- ☐ 従来の：これまでの。
- ☐ 展示（する）：display／展示／trưng bày
- ☐ 機能：function／机能／cơ chức, chức năng
- ☐ 手間が省ける：手間を少なくすることができる。
- ☐ 操作（する）：操作 operate／操作／điều khiển

2番　正答2

〈会話の内容を総合して結論を読み取る〉問題　　41

学生二人が卒業論文の内容について話しています。

M：卒論はどう？　終わりが見えてきた？

F：それが…あと一歩のところなのに、なんか引っかかってて。

M：結論のところだっけ？

F：そこはだいぶ書き足して、なんとかなりそう。でも、調査結果を示すところがちょっとね…。今のままで伝わるのかなって、ちょっと心配。もう少しわかりやすくしたいんだけど、どう思う？

M：そりゃ、わかりやすいほうがいいけど、もう結構な分量だよね？これ以上、増えるとどうかなあ。・・・じゃあ、アンケート結果のところは、グラフにしたらいいんじゃない？　正直、少し数字や文字が多くて、頭を整理するのが大変だった。

F：そっかあ。でも、私の今回の研究、アンケートがメインでしょ？全部グラフにしたら、かなりページが増えちゃう。あと、ここの「レジ袋の有料化に関するアンケート」の結果には、実は納得いってないの。ほかにもいろいろアンケートをしてあるし、ここを削ったほうが全体的にまとまると思うんだけど。

M：いや、予想に反する結果も事実として含めるべきだよ。ぼくなんか逆に、そこがおもしろいと思ったよ。

F：じゃあ、そこはそのままにしておく。

M：あと、ページ数は気にすることないよ。見やすさのほうが大事。あまり文字ばかりだと疲れちゃうからね。

F：そうね。じゃあ、まずは、内容は変えずに見やすさを工夫してみる。

　女の人は卒業論文をどう直すことにしましたか。

1　結論を書き足す　　　　　2　アンケート結果をグラフにする
3　アンケートを一部削る　　4　文字を大きくする

「内容は変えずに見やすさを工夫してみる。」と言っているので、アンケート結果をグラフにして見やすくすることにつながる。　2○

ことばと表現

□ 卒論：卒業論文を短くした言い方。

□ メイン：主なこと、中心。㊎ main より。　　□ 正直：正直に言って。

□ 頭を整理する：理解を整理する。

□ 納得（が）いく：「納得（が）できる」と同じ。それでいい、問題ないと思えること。

□ 削る：必要ないものとしてカットする。　　□ まとまる：バランスよく一つになる。

□ ～に反する：～と違う。　　□ 工夫（する）：よくするためにいろいろ考えること。

3番　質問1：正答1　質問2：正答4

〈会話全体をまとめて話者の選択〉を問う問題。

(1st) 43

市民講座についての説明を聞いて、夫婦が話しています。

F₁：東山市の市民講座では、現在登録が可能なクラスが全部で4つあります。まずは、政治・経済入門クラスです。ニュースで取り上げられるようなテーマに沿って、政治と経済をわかりやすく解説します。2つ目は折り紙クラスです。折り紙作家の講師から、さまざまな折り方を教わります。子供から年配の方まで、幅広く参加されています。3つ目はコーラスクラスです。何人かのグループできれいに合唱できるよう、プロの講師の指導が受けられます。参加者が最も多く、気の合う仲間をつくるのにもいいでしょう。4つ目はヨガ入門クラスです。ヨガの基本的な動きや呼吸法が学べます。体操に近いので、運動が苦手な方でも安心して参加できます。日頃のストレスから解放されて、心と体が健康的になると評判です。

M：どれがいいかなあ。

F₂：そうねえ……2人とも歌が好きだし、プロの先生から教わるのもいいよね。

M：うん。だけど、人が多いと、直接的な指導はそんなに受けられないんじゃないかなあ。長い間勉強という勉強をしてないし、学生時代を思い出して机に向かうのもいいかなって思うんだけど。

F₂：え!?　私、政治とか経済は無理よ。眠くなっちゃうもの。

M：だったら、コーラスにしたら？　一緒でないとだめってこともないし。

F₂：それもそうなんだけど。でも、大勢のところに一人で入るのは疲れるかも。いろいろ気を遣いそうだし。うーん…。気軽に体を動かすほうが私には合ってそうだな。

M：いいんじゃない。じゃ、早速、登録しちゃおうか。

F₂：そうだね。

質問1　男の人はどのクラスにしましたか。

質問2　女の人はどのクラスにしましたか。

1　政治・経済入門クラス	2　コーラスクラス
3　折り紙クラス	4　ヨガ入門クラス

「だけど」で妻の提案を否定し、「机に向かうのもいいかな」で政治・経済入門クラスを提案している。「机に向かう」は「勉強する」という意味。

「でも」で夫の提案である「コーラス」を否定している。「気軽に体を動かす」からヨガ入門クラスだと予想できる。

ことばと表現

□ **登録（する）**：register ／注册／ đăng kí

□ **講師**：speaker; lecturer ／讲师／ giáo viên

□ **年配**：elderly ／上岁数／ người lớn tuổi

□ **幅広く**：broadly ／广泛／ diện rộng

□ **合唱**：グループ、大勢で歌うこと。

□ **指導（する）**：instruct ／指导／ hướng dẫn, chỉ dẫn

□ **仲間**：comrade; friend ／伙伴／ đồng minh, hội nhóm

□ **ストレス**：stress ／压力／ căng thẳng

□ **解放（する）**：release; free ／解放／ giải phóng

□ **評判** reputation ／口碑／ đánh giá

模擬試験
第2回　解答・解説
かいとう　かいせつ

聴解
ちょうかい

言語知識（文字・語彙・文法）・読解
げんごちしき　もじ　ごい　ぶんぽう　どっかい

言語知識

問題1

1 正答2

□ 驚く：be surprised ／惊讶／ bất ngờ
▶ □ 驚＝キョウ／おどろーく・おどろーかす

2 正答4

□ 柔軟に：flexibly ／柔软／ mềm dẻo
▶ □ 柔＝ジュウ・ニュウ
　　　　／やわーらか・やわーらかい
　　例 柔らかいふとん、柔道
▶ □ 軟＝ナン／やわーらか・やわーらかい
　　例 軟らかいごはん

3 正答4

□ 乏しい：数や量がとても少ない。
▶ □ 乏＝ボウ／とぼーしい　例 貧乏

4 正答2

□ 劣る：inferior ／逊色／ kém, yếu đi
▶ □ 劣＝レツ／おとーる

5 正答1

□ 実践（する）：実際にすること。
▶ □ 実＝ジツ／み・みのーる
　　例 実家、実際、実行、実力、実物、現実
　　　事実
▶ □ 践＝セン

問題2

6 正答1

□ 競う：compete ／较量／竞争／ cạnh tranh
▶ □ 競＝キョウ・ケイ／きそーう・せーる
　　例 競争

7 正答2

□ 指摘（する）：point out／指出/指点／ chỉ trích
▶ □ 指＝シ／さーす・ゆび
　　例 指、支持、指定、指導
▶ □ 摘＝テキ／つーむ

8 正答4

□ 症状：symptom ／症状／ bệnh trạng
▶ □ 症＝ショウ　例 重症
▶ □ 状＝ジョウ　例 状況、状態、年賀状

9 正答4

□ 招く：invite ／邀请/招待／ mời
▶ □ 招＝ショウ／まねーく　例 招待

10 正答1

□ 距離：distance ／距离／ cự li, khoảng cách
▶ □ 距＝キョ
▶ □ 離＝リ／はなーす、はなーれる
　　例 離れる、離す、離婚

問題3

11 正答4

□ ～別：～それぞれに分けて。
例 年齢別、男女別

12 正答1

□ 再～：もう一度～。
例 再起動、再計画、再来年

13 正答4

□ 真～：本当の～。
例 真っ赤、真新しい

14 正答4

□ ～沿い：along ／沿着～／ dọc theo ～
例 川沿い、道沿い

15 正答2

□ ～率：rate ／～率／ tỉ lệ ～
例 使用率、税率、乗車率、成長率、成功率、死亡率

問題4

16 正答4

□ スペース：space ／空间／ chỗ trống

他の選択肢

1 design
2 balance
3 stage

17 正答4

□ でたらめ（な）：本当じゃなく、まったくうそだ。
例 私が会社をやめるなんて、そんなでたらめをどこで聞いたんですか。

他の選択肢

3 素直（な）　例 素直な性格

18 正答1

□ （～を）悔やむ：後悔する。
例 彼女に謝らなかったことを悔やんでいる。

他の選択肢

2 （～が）暴れる　例 思い通りにならなくて暴れる
3 （～を）刺す　　例 針を刺す

19 正答4

□ 油断（する）：緊張せず、リラックスしている様子。
例 ちょっと油断したら、すぐ風邪をひいてしまった。

他の選択肢

1 被害　　　　　例 地震の被害
2 我慢（する）　例 やりたいことを我慢する
3 納得（する）　例 彼の意見に納得する

20 正答2

□ 苦情：complaint ／投诉／ phàn nàn
例 店に苦情を言った。

他の選択肢

1 面倒（な）　例 面倒な仕事
3 論争　　　　例 この件に関しては、論争になっている

21 正答4

□ 時間をつぶす：時間が空いて暇なので、～をする。
例 最近は、スマホで時間をつぶしている。

22　正答3

□ **気軽に**（きがる）: casually ／不用介意／ dễ dàng
例 気軽に声をかけてください。（きがる・こえ）

他の選択肢

2 軽々（と）（かるがる）　　例 軽々と荷物を持ち上げる（かるがる・にもつ・も・あ）
4 率直（に）（そっちょく）　　例 率直に意見を言う（そっちょく・いけん・い）

問題5

23　正答1

□ **ハード**（な）: 厳しい。（きび）
例 ハードな練習（れんしゅう）

24　正答4

□ **当分**（とうぶん）: しばらくの間。（あいだ）
例 当分田中さんに会う予定はない。（とうぶん・たなか・あ・よてい）

25　正答2

□ **やむをえない**: しかたない。ほかにどうすることもできない。
例 やむをえず、時計を売ることにした。（とけい・う）

26　正答1

□ **終日**（しゅうじつ）: 一日の間ずっと。（いちにち・あいだ）
例 明日は終日雨です。（あす・しゅうじつあめ）

27　正答4

□ **所有**（する）（しょゆう）: 自分の物として持っていること。（じぶん・もの・も）
例 父の所有する車（ちち・しょゆう・くるま）

問題6

28　正答4

□ **最寄り**（もよ）: 一番近いこと。（いちばんちか）

他の選択肢　1時間、2近い、3近い、などのほうが合う。（じかん・ちか・ちか・あ）

29　正答2

□ **いったん**: 一時的に。ひとまず。（いちじてき）

他の選択肢　1・3・4はどれも「一回」という意味の「一度」が合う。（いっかい・み・いちど・あ）

30　正答3

□ **（〜を）節約する**（せつやく）: 使う量を少なく済ませるようにする。（つか・りょう・すく・す）

他の選択肢　1少なくする、2・3減らす、などのほうが合う。（すく・へ・あ）

31　正答1

□ **妥当**（な）（だとう）: それが、その場合によく合っていること。（ばあい・あ）

他の選択肢　2ちょうどいい、3よかった、4当たった、などのほうが合う。（あ・あ）

32　正答2

□ **（〜を）めくる**: turn over ／翻 / 掀起／ lật, giở

他の選択肢　1こすった、3・4開けた、などのほうが合う。（あ・あ）

問題7

33 正答**1**

□ 〜かねない：〜という悪い結果になってしまうかもしれない。
例 ストーブの前に雑誌とか置いてると、火事になりかねないよ。

34 正答**3**

□ 〜に限って…：〜だけは絶対…ない。
例 彼に限って、そんなことを言うはずがない。

35 正答**2**

□ 〜たきり…：〜したのを最後に、ずっと…。
例 卒業式で会ったきり、彼女とは会ってない。

36 正答**2**

□ 〜をもとに…：〜を基礎／参考にして…。
例 アンケート結果をもとに、新商品を考えてみた。

37 正答**2**

□ 〜ものなら：できそうもないことを示し、願望や命令形の表現を続ける。
例 行けるものなら、私も一度、パリに行ってみたい。

38 正答**4**

□ 〜せていただけませんか：「〜せてくれませんか」の謙譲表現。
例 私も参加させていただけませんか。

39 正答**4**

□ 〜以上（は）…：〜ので責任を持って…。
例 参加する以上、全力で頑張ります。

40 正答**3**

□ 〜ぶる：〜のようにふるまう。
例 彼は先生の前ではまじめぶるけど、実際はいいかげんなやつだ。

41 正答**3**

□ 〜もしないで：「〜ないのに…」と、不満や非難を表す表現。
例 大して仕事もしないで、彼は休んでばかりいる。

42 正答**4**

□ 〜（な）だけあって：〜にふさわしく。さすが〜と思わせるように。
例 やはり女性だけあって、こういうことには詳しい。

43 正答**4**

□ 〜わけにはいかない：当然〜することは許されない。
例 大事な会議だから、遅れるわけにはいかない。

44 正答**3**

□ 〜ぱなし：〜したままの状態。
例 また、服を脱ぎっぱなしにしてる！ちゃんと片づけて！

問題8

45　正答1

先ほど訪れた客は、どれにするか ₄さんざん ₃迷った ₁あげく ₂何も 買わずに帰った。

46　正答1

薬を飲んで、₂こんなに ₄つらい ₁思いをする ₃くらいなら もうこれ以上やせなくてもいい。

47　正答4

この試合は ₃何としてでも ₂生で ₄見たかった ので、₁並んで チケットを買うことにした。

48　正答3

日本社会は、₂少子化や ₄長引く不況 ₃といった ₁数々の問題 を抱えている。

49　正答1

この本には ₃ストレス社会を ₂生きぬく ₁ため に ₄必要な ことが述べられている。

問題9
もんだい

50 正答3
せいとう

51 正答2
せいとう

52 正答4
せいとう

53 正答1　「目が向けられている」は「注目されている、関心がもたれている」という意味。
せいとう

他の選択肢　・目を落とす：下を向く

　　　　　　・目に見える：見てはっきりわかる、確実に予測できる

　　　　　　・目もくれない：少しも興味を持たない、全く関心をもたない

54 正答2
せいとう

フリーマーケット

　フリーマーケットを英語で書くと、"free market" だと思っている人が今では多数派かもしれない。しかし、実際は "flea market (flea はノミ、くだらないもの) " が元となっていて、リサイクルの観点から生まれたものだと言われている。そういったこともあり、昔のフリーマーケットのイメージと言えば、使わなくなったものを安く売り買いする場だった。それが時代 **50** 変化し、最近ではハンドメイドの品物も数多く扱われるようになった。しかも、何の資格も要らず、趣味で作った作品でも、物を売る経験がなくても、だれでもハンドメイド作家になることができる。

　51 、買い手にとっては、どんな魅力があるのだろうか。アンケートをとってみたところ、売り手だけでなく、買い手にも大きな変化が起こっていた。他者が不要になったものを安く買いたいというわけではなく、**52** 世界で一つだけのユニークなものがほしい、自分だけのお気に入りがほしいというように、作品の個性に **53** のだ。

　近年では、インターネットやフリーマーケットアプリを通して売り買いができるようになった。また、売られるものもアクセサリーや小物などの **54** 、本や食品、電気製品など、幅広く展開されており、フリーマーケットは形を変えながら進化し続けている。

ことばと表現

□ 観点：見方。注意する点、重要に考える点。
　かんてん　みかた　ちゅうい　てん　じゅうよう　かんが　てん

50「Aに応じてB」は、「Aが変われ
ばBも変わる」という意味。後ろに
「変化」とあるのがヒント。　3○

51「では」は、「それでは」の略。前の話の内容をふまえて、次の話題を話すときに使う表現。前の段落では売り手の話題、「では」以降は買い手の話題になっている。　2○

52「～はさておき」は「～のことは考えないで」という意味。前に「安く買いたいというわけではなく」とあり、「世界で一つだけのユニークなものがほしい」と続くので、値段は考えないという意味の表現が適している。　4○

54「Aに限らずB」は「AだけでなくBも」という意味。後ろに「幅広く展開されており」とあるのがヒント。　2○

問題10（短文）
もんだい　　　たんぶん

(1)

55 正答2
せいとう

〈情報の正しい理解〉を問う問題
じょうほう　ただ　りかい　と　もんだい

バイオリンコンサートツアー中止のご連絡

いつも応援していただき、ありがとうございます。

この度、感染症の拡大を防ぐため、東京、大阪、福岡のコンサートを中止することにいたしました。
かんせんしょう　　　　　　　　　　　　　　　　　　　ふくおか

楽しみにされていた皆様、誠に申し訳ありません。
まこと

なお、中止にともなう払い戻しと、振り替えの予定に関しましては、改めてメールおよび弊社ホームページにてご案内しますので、チケットは大切にお持ちください。
ふか　　　　　　　　　　　　　　　　　　　　　　　　　　　　　　　　あらた
へいしゃ

どうぞ、ご理解いただきますようお願い申し上げます。

ジャパン・ミュージック スタッフ一同

福岡のコンサートも中止　4×
ふくおか　　　　　　ちゅうし

「メールで案内が来るのを待つ」⇒2○
あんない　く　　ま

ことばと表現

□ 拡大（する）：expand ／拡大／ lan rộng, phóng to
かくだい

□ 防ぐ：prevent ／防止／ phòng chống
ふせ

□ 改めて：もう一度、別の機会に。
あらた　　　いちど　べつ　きかい

(2)

56 正答 **2**

情報を読み解く問題

店舗移転のおしらせ

　いつも当店をご利用いただきまして、まことにありがとうございます。当店は4月3日（木）より、東山駅ビル1階南口の店舗に移転し、リニューアルオープンいたします。

- 3月31日（月）10時半以降受け付け分は、4月3日（木）18時の仕上がりとなります。
- 4月1日（火）、2日（水）はお休みをいただきます。
- リニューアルオープン当日は、お得な割引サービスを実施予定です。

202X年3月1日

10時半以降も受付をしている。　**2○**

今の店舗が休みになる。　**3×**

セールは4月3日当日。　**4×**

ことばと表現

□ 仕上がり：出来上がること。

---

(3)

57 正答 **2**

情報理解を問う問題

　島根県は、年間平均気温が12〜15度と、比較的温暖な気候ですが、冬は曇りや雨、雪が多くなるという特徴があります。その中でも、特に県の東側は風が強く、冬になると海からの気流の影響を受けて寒さが厳しくなります。晴れた日が多く平均気温も高めになる5月頃か、観光シーズンの9月下旬から11月中旬頃が、最も過ごしやすい時期であるといえるでしょう。

「1年を通して寒さが厳しい」に注目。　**1×**

晴れた日が少ない、風が強い日も多い。　**2○**

5月頃か、9月下旬から11月中旬頃。　**4×**

ことばと表現

□ 比較的：ふつうと比べて。
□ 温暖（な）：暖かい。

58　正答4
〈割引の条件〉を問う問題

開店 30 周年記念　お客様感謝セール
～3月1日から3月30日まで～

　毎度当店をご利用いただきありがとうございます。おかげさまで当店は今年30 周年を迎えます。お客様への感謝の気持ちをこめて、お客様感謝セールを開催しますのでぜひご利用ください。

お得なサービス①　HAPPY　BAG

通常価格 10000 円相当の商品(コーヒー、紅茶、お菓子など)が、いろいろ入って 3000 円でのご提供です！

※数に限りがございますので、お早めにお越しください。

お得なサービス②　はがき持参のお客様のみの特典

通常価格の商品がレジにて 10% OFF になります！

※レジでのお会計の前にお渡しください。

通常価格の商品を買うならこの期間が絶対にお買い得です！

※HAPPY　BAG、セール品、特売品、輸入ワイン以外の酒類、108 円以下の商品
　は対象外です。

※はがきは一回限りのご利用とさせていただきます。

はがきは会計の際に出す。10%＝1 割
4○

はがきは1 回だけ使える

他の選択肢
1 → 全商品ではない。対象外の商品もあるので×
2 → 10%の割引は金額は関係ないので×
3 → HAPPY BAG は対象外なので×

59　正答4
〈筆者の考え〉を問う問題

　「後で考えよう」「いつかやろう」と思っていることは、後回しにしたために、結果的に忘れられがちです。しかし、それらをノートに書いて整理することで、優先順位や、どうしたいかが見えてきます。そうすれば、「やろうと思っていること」が「やるべきこと」に、「いつかやろう」が「○月○日までにやる」になり、ぼんやりと考えていたことが具体的な行動目標になります。ちょっとしたことですが、習慣にすると、結果の違いが大きくなります。

ぼんやりと考えていたこと＝あいまいに考えていたこと
4○

ことばと表現

□ 優先順位：大切だと思うもの、先にするべきことの順番

問題11（中文）

(1)

60 **正答3** 〈キーワードとなる表現の内容について〉問う問題。

61 **正答4** 〈指示語の内容について〉問う問題。

62 **正答3** 〈筆者が最も伝えたいこと〉を問う問題。

夜の時間は、雑多な心の迷いをぼんやり考える時間ではありません。

孔子も、「学ぶ」ということをいろいろ探求する中で、「一日中考え事をする」というのはどういうことかを試してみたことがあったそうです。孔子がするのですから、相当な考え事です。おそらく、その後2500年生きた膨大な人類の中で、最も質の高い考え事でしょう。

しかし孔子は、「考え事をしても、ほとんど何も得ることがなかった。やはり学ぶほうがいい」と言っているわけです。「学ぶに如かざるなり」と。

孔子の言う「学ぶ」とは、本を読むということです。ほかの人から学ぶということです。考え事は、学ぶことではありませんからね。他者から学ぶという時間がないといけません。

他者から学ぶ時間ということであれば、SNSで友達と話すのも学ぶ時間ではないかと思われるかもしれませんが、そうではありません。

SNSで友達と話すのは、単なるおしゃべりです。学びではありません。自分と同じレベルの人の話を聞くのは、おしゃべりの域を出ません。

「SNS疲れ」という言葉を耳にするようになって久しくなりました。朝起きてから夜寝るまで、隙あらばスマホをチェックし、友人の投稿や声掛けにリアクションするのでは、疲れて当然です。

そして疲れる割に、得るものは少ない。これが致命的なのです。

おしゃべりをしている間は、精神力は育ちません。だいたい、くだらない悩みを相談し合うのがおしゃべりです。心の問題をひたすらこねくり回し合うだけです。夜、これを排除するだけでも、ずいぶんと楽になります。

60 ほかの人から学ぶ」、「他者から学ぶ」と書かれているところの前後に正答がある。選択肢3の「文学作品に親しむ」は、「本を読む」に言い換えられる。

61 「致命的」の前に「これが」とあるので、その直前に正答がある。「疲れる割に、得るものは少ない」を言い換えた選択肢が正答。

62 全体の最初、または最後にまとめや結論が書かれていることが多い。

(2)

63 正答 **1**
64 正答 **2**
65 正答 **3**

　以下は、短歌（五・七・五・七・七の31音で作られる詩）について書かれた文章である。

　歌集『サラダ記念日』が英訳されるにあたって、翻訳者のかたから、こまかな質問を受けたことがある。たとえば、表題となった一首。

　　「この味がいいね」と君が言ったから七月六日はサラダ記念日

「このサラダ記念日は、MY サラダ記念日ですか？　OUR サラダ記念日ですか？」
「えっ？」

　私の記念日なのか、私たちの記念日なのか……。英語では冠詞をつける関係上、そこのところを、はっきりさせなくてはならないという。

　今日を記念日にしよう、と思ったのは私である。だから MY だろうか。でも、今日という日が記念日になるのは、二人で過ごしたからこそ、だ。だったら OUR かもしれない。（中略）

　言語によって、はっきりさせるところが違うというのは、おもしろい体験だった。

　もちろん、短歌の翻訳というのは、意味があっていればいいというものではない。作者に短歌を作らせた「心の揺れ」をつかみ、それを別の言語で詩的に表現するという、大変な作業だ。特に五・七・五・七・七という日本語独特のリズムは、翻訳者泣かせである。これは、はっきり言って、翻訳不可能だと思う。五音七音が心地よいのは、日本語だからであって、それを無理やり他の言語で、拍数合わせをやっても意味がない。ただ、できるだけリズミカルな、口ずさんで調子がいい言葉にしてほしいな、とは思う。これは英語にかぎらず、どんな言語に翻訳されるときにも願うことの一つだ。あとは、できるだけシンプルに、そしてストレートで自然な表現を希望する。それだけ（といっても、ずいぶん注文が多くて恐縮ですが）を伝えて、あとは翻訳者のセンスにまかせるしかない。

> **63** これらから、筆者は **1**「短歌の作者」だとわかる。

> **64**「そこのところ（＝その点）」は直前の内容を指す。

> **65** 短歌の翻訳に対する筆者の意見。「ただ」の後には、前の内容への補足説明が続く。

ことばと表現

□ **心地よい**：気持ちがいい。
□ **恐縮**：申し訳ないと思うこと。

(3)

66 正答 **2**
せいとう

67 正答 **4**
せいとう

68 正答 **3**
せいとう

多くの人は、本は最初のほうから、順に読んでいくものだと思っているでしょう。もちろん、小説は最初から読んでいくのが王道です。

しかし新書などの論説文の場合は、読む順番を変えるのも一つの方法です。

まず、目次を眺めて結論部分らしき章をすばやく見つけます。

それらしいところが第三章にあれば、第三章の小見出しをチェックし、そこから読みはじめます。あるいは最終章に結論が書いてあると思ったら、最後から読みはじめるのです。

つまり、目的をはっきりさせたうえで逆算するということです。

速読する場合、一字一句を読み込むことが目的ではないのは言うまでもありません。あくまで、その本の内容を理解することが主な目的です。ですから、まず、「本の内容を要約できればいいんだ」というゴールをはっきりさせることです。

その目的を達成するためには、頭から均等に読む必要は一切ない。大事なところから読めばいいということになります。このように本を逆から読む方法を、私は「逆算読書法」と呼んでいます。速読術をマスターしたい人には、ぜひとも覚えておいてほしいテクニックです。

もちろん、この読み方がすべての本に通用するわけではありません。

純文学や推理小説で「逆算読書法」をやったら最悪です。

（中略）

それでも論説文ならば、「逆算読書法」は大いに活用するべきだと思います。

> **66** まず、目次を眺める⇒**2**○
>
> **66** この部分は例なので、答えにはならない。　**3**、**4**×
>
> **67** 本の内容を理解すること⇒**4**○
>
> **68** すべての本に通用するわけではない。⇒**3**○

ことばと表現

□ **速読**：文章を早く読むこと。
そくどく　ぶんしょう　はや　よ

□ **一字一句**：一つ一つの文字や言葉。
いちじいっく　ひと　ひと　もじ　ことば

□ **均等**：扱い方が同じであること。
きんとう　あつか　かた　おな

□ **大いに**：たくさん、非常に。
おお　　　　　　　ひじょう

問題12（統合理解）

69　正答1

他の選択肢

3→Bでは「使い捨てをやめることだ」と言っているが、Aでは「（プラスチック）ごみを減らすことはもちろん重要である」としか言っていない。

70　正答4

他の選択肢

1→「減らすのは難しい」とは言っていない。

2→Aは「海洋プラスチックごみの問題を解決するためには、ごみの量を減らすことが重要である」と言っているが、Bはあるコーヒーチェーン店の取り組みについて意見を述べているだけで、「プラスチックごみを減らさなければならない」とは言っていない。

3→Aは「海へのポイ捨てだけではない」、Bは「紙に置き換えればいいとは言い切れない」と言っている。

A

　海を漂うプラスチックごみを海の生き物がえさと間違えて食べてしまい、命を落とすという話を最近よく聞く。そんなに海や川へごみをポイ捨てする人が多いのかと思ったら、実は、街の中に散らばるごみが、風に飛ばされたり雨に流されたりして、最終的に海に流れ着いているのだそうだ。この街中のごみは、ポイ捨てされたものだけでなく、ごみ袋の口がしっかり結ばれていなかったり、カラスにごみ袋をつつかれて破れてしまったりしたせいで、散らばってしまったものもある。

　海洋プラスチックごみの問題を解決するためには、ごみの量を減らすこともちろん重要であるが、海へと流出させないよう、ポイ捨てをしないこと、正しくごみを出すことを徹底させることも必要だろう。

> 69　プラスチックごみについて、Aでは「海の生き物がえさと間違えて食べてしまい、命を落とす」、Bでは「海洋汚染の原因の一つとなっている」と述べている。

B

　最近あるコーヒーチェーン店で飲み物を買ったら、ストローが紙製になっていることに気づいた。これは、海洋汚染の原因の一つとなっているプラスチックごみを減らすための取り組みだという。

　確かに、代わりに紙を使えば、プラスチックごみの量は減るだろう。しかし、紙は二酸化炭素を吸収してくれる木を原料とし、生産にはプラスチックよりも多くのエネルギーが必要だと言われる。そう考えると、ただ単に紙に置き換えればいいとは言い切れないのではないか。

　プラスチックごみを削減したかったら、何よりも使い捨てをやめることだろう。1回使ったら終わりのストローのほか、スーパーなどでの商品の過剰包装もやめれば、プラスチックごみはずいぶん減るに違いない。

> 70　問題解決の方法についてのそれぞれの意見や提案に注目する。

問題13（主張理解）

[71] 正答1
[72] 正答1
[73] 正答4

（前略）

　敬語というのは、上下だけではなく親疎をも表すということが、とても大切なポイントだ。親疎というのは、つまり親しいかそうでないかということで、親しい間柄になればなるほど敬語の量は少なくなる。立場が対等であっても、初対面なら敬語を使うし、たとえ年上の相手であっても、恋人ならば敬語は使わない。

　教師をしていたとき、私が悩んだことの一つは、生徒を呼び捨てにするかどうかということだった。ベテランの先生はたいてい、「おーい、山田、そのプリントとってくれ」とか「安井、どうしたの。このごろ元気ないじゃない？」というように、生徒を呼び捨てにしている。が、私にはどうしても抵抗があった。いくら自分が目上の立場にあるからといって、あまりにぞんざいな感じだ。生徒とは一人の人間として、その意味では対等につきあいたい、そう思って私はずっと「山田くん」「安井さん」と、男子にはくん付け、女子にはさん付けを通していた。

　が、あるとき一人の女生徒に、「先生さー、なんで『さん』つけるの？　なんかすっげぇ、よそよそしい感じ」と言われて、ちょっとショックだった。生徒のほうでは、そんなふうに感じるのか、と思った。つまり呼び捨てにするというのは、上下を強めるのではなく、親疎の親を強めるほうに、はたらくのだった。

　結局私は、それでもずっとさん付けを通した。自分自身がしっくりこない表現は、やはりするべきではないと思ったから。もっとベテランになって、いつかは呼び捨てのほうが自然に思えるときがくるかもしれない、そうしたら呼び捨てにしよう。無理をして作った親しさなんて、しかたないよね……と、そうこうしているうちに教師の職をしりぞくことになったのですが。

　このように、呼び方ひとつとっても、上下と親疎とのかねあいというのは、なかなかむずかしい。男女のあいだでも、呼び方が変わるときというのは、関係が変わるときだ。そのタイミングを間違えると、関係までぎくしゃくしてしまいかねない。これまで「○○さん」だったのが、呼び捨てになったり、「おまえ」になったり、というタイミング。そう呼ばれてこちらが嬉しいときと、なによ馴れ馴れしいわねと不快に感じるときと。けっこう分かれ目である。逆に、いつまでも他人行儀な言葉遣いに、イライラしたりすることもある。

　つまり、ただ敬語の使い方を知っているだけでは、充分といえないのだ。その折々の人間関係を見極める目がなくては。

71 呼び捨てにすることに対する筆者の考え。これらに合わない**1**が正解。

72「相手との上下関係、親疎関係とうまく合うように、敬語を使ったり使わなかったりするのが難しい」と言っている。それに合わない例の**1**が正解。

73「つまり」の後に筆者の意見をまとめている。「～がなくては。」＝～がなくてはならない、必要だ、という意味。

ことばと表現

□ **対等**：二つの間で差がないこと。

□ **抵抗がある**：ここでは、意見などを素直に受け入れられないこと。

□ **馴れ馴れしい**：遠慮がなく、非常に親しい様子（悪い意味で使う）。

□ **分かれ目**：物事が分かれるところ。

問題14（情報検索）
もんだい　　　　じょうほうけんさく

- 74 **正答3**　〈条件に合うもの〉を問う問題
  せいとう　　　じょうけん　あ　　　　　　と　もんだい
- 75 **正答4**　〈条件と費用〉を問う問題
  せいとう　　　じょうけん　ひよう　　と　もんだい

3月5日・3月6日
ミュージカル体験

みんなで楽しく歌って踊ろう！

〈対象：小学生以上：60分〉

① 12：00 〜（受付 11：30）

② 16：00 〜（受付 16：30）

各　500円／人

定員
各20名

3月6日
人形作り

ウサギやネコなど好きな動物を作ろう！
完成したら作った人形を動かして遊びます。

〈対象：幼児以上 /80分〉

① 10：30 〜（受付 10：15）

② 13：00 〜（受付 12：30）

③ 15：15 〜（受付 15：00）

定員
各15名

各　500円／人　＊保護者無料

74 人形作りは3月
にんぎょうづく　　　がつ
6日だけ。　　　1 ×
むいか

75 保護者は無料。
ほごしゃ　むりょう
子ども2人なので、
こ　ふたり
500円×2＝1000
4 ○

3月5日・3月6日
キッズストリート

輪投げや魚釣りなどのゲームをしよう！
小さなお子様からお楽しみいただけます。

〈無料：要整理券〉

① 10：00 〜 10：30　② 11：00 〜 11：30

③ 12：00 〜 12：30　④ 14：00 〜 14：30

⑤ 15：00 〜 15：30　⑥ 16：00 〜 16：30

整理券配布時間(当日)
①②③ 9：30〜、④⑤ 11：00〜、
⑥ 13：00〜

定員
**子ども
各20名**

3月5日・6日
ミステリー探検

参加者が謎解きに挑戦する体験型演劇！

〈対象：10歳以上 /90分〉

① 10：30 〜（受付 10：15）

② 13：00 〜（受付 12：45）

③ 15：30 〜（受付 15：15）

各 500円

定員
各20名

74 対象が10歳以
たいしょう　　さいい
上。　　　　1、4 ×
じょう

3月5日
サーカス

すごい技を見て笑って楽しもう！

〈対象：幼児以上 /40分〉

16：00 〜（受付 15：30）

1,000円／全席自由席

定員
各80名

3月6日
ミニコンサート

有名映画やアニメの曲を楽しもう！

〈対象：幼児以上 /40分〉

16：00 〜（受付 15：30）

1,000円／全席指定

定員
各80名

74 ミニコンサート
は3月6日だけ。
がつむいか
2 ×

聴　解

問題1

・・・

例　正答3
※第1回と同じ（→ p.30 参照）

1番　正答4
〈話者のとるべき具体的な行動〉を問う問題

会社で課長と男の人が話しています。男の人はこのあと何をしますか。

F： 森さん、ちょっと来てください。

M： はい、何ですか。

F： 今、山田さんから電話があって、事故で電車が止まって、何時に会社に着くか、わからないらしいの。それで、今日9時半に東京広告の人が新しい広告プランの提案に来るんだけど、代わりに話を聞いておいてもらえない？　今日午前中、特に外出の予定はないよね？

M： あ、はい。ただ、それをするとなると、1時提出の報告書が間に合いそうにないんですが…。

F： じゃ、報告書は5時までに出してくれればいいですよ。

M： わかりました。東京広告の人に会う前に、何か準備しておくことはありますか。

F： 特に何もしなくていいよ。今日はSNSを使った広告についての話で、提案を聞くだけでいいみたいだから。

M： わかりました。

F： じゃ、よろしくね。

M： はい。

男の人はこのあと何をしますか。

1　報告書を提出する　　2　山田さんに確認する

3　会議の資料を準備する　　4　取引先の人に会う

> 代わりに話を聞いてほしい⇒会って話を聞く。　**4○**

> 取引先の人が来るのは朝9時半なので、報告書は午後5時でいい。　**1×**

> 準備は何もしなくていい。　**3×**

ことばと表現

□ 広告：advertisement ／广告／ quảng cáo

□ 提案（する）：proposal ／提案／ đề xuất

□ 提出（する）：submission ／提出／ nộp

2番　正答2

〈話者のとるべき具体的な行動〉を問う問題　

大学で女の学生と男の学生が話しています。女の学生はこのあとまず何をしますか。

F：あ、ねえねえ、中野君って、バイクで大学に来てるよね。私も来月からバイクで来たいなと思ってるんだけど…。駐車場ってどうしてるの？　自転車置き場と一緒でいいの？

M：いや、自転車とは別で、バイク用の駐車場に停めてる。

F：そうなんだ。それって、申し込みが必要なの？

M：うん。学生課の総合受付で申し込みをすることになってる。1か月ごとに翌月の分を申し込むことになっていて、毎月20日が締め切り。あ、今日だよ。

F：え、今日なの？　困ったな。今日6時からバイトなんだよね。授業は5時までだし。間に合うかなあ。

M：申込書は大学のホームページの学生用ページにあるから、それに入力して印刷して出すんだよ。今から入力しておけば、間に合うんじゃない？

F：うん、そうする。ほかに必要なものってある？

M：免許証のコピーがいるけど、それは学生課でコピーすればいいよ。

F：わかった。ありがとう！

女の学生はこのあとまず何をしますか。

1　学生課の総合受付に行く
2　大学のホームページで申込書を探す
3　申込書を印刷する
4　学生課で免許証をコピーする

ことばと表現

□ バイク：「オートバイ」を短く簡単にした言い方。
□ 一緒：ここでは「同じ」という意味。
□ 総合：さまざまなものを一つにまとめること。
□ 入力（する）：enter ／输入／ nhập (dữ liệu)
□ 免許証：license ／驾照／ bằng, giấy phép

3番　正答4

〈話者のとるべき具体的な行動〉を問う問題　(2nd) 06

> 息子と母親が話しています。息子はこのあとまず何をしますか。
>
> M：寝ている間、ずっと頭が痛くて寒気がするから熱測ったら、38度5分あった。
>
> F：えっ、大丈夫？　結構高いじゃない。
>
> M：うん…。かなりつらい。学校でインフルエンザになった人がいたから、うつったかもしれない。だったら、いやだなあ。
>
> F：病院、行ったほうがいいよ。
>
> M：うん。でも、今日、日曜だから、やってないんじゃないかなあ…。
>
> F：いや、日曜でもやってるところ、あったと思う。ちょっと待って。調べるから。
>
> M：うん…。
>
> F：あ、中央病院が今日やってる。ええと、診察時間は午前9時半から。よかった。
>
> M：じゃ、そこ、行くよ。……でも、どこ？　歩くの、ちょっときついなあ。
>
> F：タクシー、呼ぶよ。
>
> M：うん……。
>
> F：診察まであと1時間以上あるから寝てて。タクシー呼んでおくから。
>
> M：うん……。
>
> 息子はこのあと、まず何をしますか。
>
> 1　今から行ける病院を探す
> 2　インフルエンザの検査を受ける
> 3　タクシーを呼ぶ
> 4　横になって休む

母親が病院を探した。　**1** ×

息子は寝る（＝横になって休む）。　**4** ○

ことばと表現

□ **うつる**：spread; transmit ／传染／ lây (bệnh)

□ **やっている**：店や病院などが開いていること。「やっていない」は休みであること。

□ **診察（する）**：medical examination ／问诊 / 听诊／ khám bệnh

4番　正答1

〈話者のとるべき具体的な行動〉を問う問題 

> 　レストランで、店長と店員が話しています。店員はこのあと、客に何を確認しなければなりませんか。
>
> M：今度の土曜日の夜に、青木様からご予約入ってたよね。
> F：はい、19時から5名で予約されてます。
> M：確か、1人食物アレルギーのある方がいるから対応を希望するってことだったけど、何のアレルギーだったっけ？
> F：ええと、牛乳アレルギーです。
> M：牛乳か……。じゃ、代わりに豆乳を使えば何とかできるな。でも、何を注文されるんだろう。いつも通り、「シェフのおすすめコース」でいいのかな。
> F：そうですね……。アレルギーがある方の分だけ牛乳を使わずに作ってくれればいいとはおっしゃってましたが。
> M：そうか…。じゃ、そこのところ、確認しといてもらえる？
> F：はい、わかりました。
> M：あとは…アレルギー関係以外で入れないでほしいものって、何か言ってた？
> F：それは特にない、とのことでした。あ、そう言えば、デザートはまたチョコレートムースが食べたいっておっしゃってました。
> M：わかった。気に入ってもらえたみたいでうれしいね。じゃ、青木様への確認、お願いね。
> F：はい。
>
> 　店員はこのあと、客に何を確認しなければなりませんか。
>
> 　1　どのコースを頼むか　　　　　2　何人分用意すればいいか
> 　3　使わないでほしい材料はないか　4　デザートは何がいいか

「いつも通り、『シェフのおすすめコース』でいいのかな。」に対する店員の答えは、「『アレルギーのある一人分だけ用意すればよい』とはわかっているが、コースについてはわからない」という意味。

他の選択肢

2→「アレルギーがある方の分だけ牛乳を使わずに作ってくれればいいとはおっしゃってましたが（＝アレルギーのある一人分だけ用意すればよい）」と言っている。

3→「アレルギーがある人の分は牛乳を使わない」、「アレルギー関係以外で入れないでほしいものは特にない」ことがわかっている。

4→「デザートはチョコレートムースがいい」ことがわかっている。

ことばと表現

□ 食物アレルギー：牛乳や卵など、何かの食べ物を食べた後に、体がかゆくなったり、咳が出たり、お腹が痛くなったりするなど、体に悪い変化が起きること。

□ 対応（する）：その場の状況に応じて、必要なことやできることをやること

□ 豆乳：soy milk

□ 何とかできる：完全とは言えないが、許される程度のことができる。

□ そこのところ：その点。

□ そう言えば：今までの話に関係する別の話題について話し始めるときに使われる。また、それまでの話に関係なく、新しい話題を取り上げるときにも使う。

5番　正答3
〈話者のとるべき具体的な行動〉を問う問題

男の人と女の人が話しています。男の人はこのあと何をしますか。

M：鈴木さん、ギター弾くのが趣味って言ってましたよね。

F：ええ。

M：実は最近、知り合いの引っ越しを手伝ったときに、使わなくなった
　　ギターを1本もらったんです。今までやったことはないんですが、
　　弾けるようになりたいなと思って。でも、何から始めたらいいかわ
　　からなくて…。何かアドバイスをいただけませんか。

F：そうね…。最近はネットにいろんな情報が出ているから、まずはそ
　　の辺を調べてみたらどう？

M：ええ。そう思って調べてみたんですが、情報が多すぎてよくわから
　　なかったんです。

> もう調べた。　**4**×

F：そっか。私が教えてあげてもいいんだけど、最近すごく忙しくて…。
　　しばらくは無理だと思う。

> 女の人は忙しいの
> でギターを教えら
> れない。　**1**×

M：いいですよ、そんな…。大丈夫です。

F：あ、そうだ。私が使ってる楽器店でギター教室をやってるんだけど、
　　そこはどうかなあ。初めての人向けだし、ギターのメンテナンスの
　　仕方も教えてくれるから、いいんじゃない？

> 女の人がギター教
> 室をすすめている。
> **3**○

M：いいですね。でも、それに参加したら、その店でギターを買ったり
　　することになりますか。

F：こういうのがいいですよとか、何かすすめてくることはあるかもし
　　れないけど、無理して買うことはないよ。

> 楽器店でギターを
> すすめられるかも
> しれないが、買わ
> なくてもいい。
> **2**×

M：そうですよね。じゃ、やっぱり自分で調べるより直接教わるほうが
　　安心だし。やってみます。

　　男の人はこのあと何をしますか。

> 1　鈴木さんにギターを習う
> 2　楽器店でギターを買う
> 3　ギター教室に参加する
> 4　インターネットでギターの弾き方を調べる

問題2

例　正答3

※第1回と同じ（→ p.36 参照）

1番　正答4

〈発表の問題点〉を問う問題

> 　男の学生と女の学生が話しています。女の学生は、男の学生の発表について何が問題だったと言っていますか。
>
> M：山本さん、僕の発表、どうだった？　自分ではうまくできたつもりなんだけど、山本さん、微妙な顔してたよね。
>
> F：気づいてた？　そうねえ……。テーマも面白いし、いい発表だったと思うんだけど……。
>
> M：けど？　何か気になる点があったんだよね。教えてよ。
>
> F：まあ、全体的には悪くなかったと思うの。データもよく調べられていたし、話し方もよかった。ただ、資料の作り方がね。1ページにグラフと文字を入れすぎてて、今どこを見ればいいのか、よくわからないことがあったな。直接話ができるんだから、グラフや図をもっと大きくして、<u>文字による説明はなるべく抑えたほうがいいんじゃないかな。</u>
>
> M：ああ…確かに文字が多いね。丁寧なほうがいいと思ってたんだけど、改めて見ると、確かにちょっと見にくいね。
>
> F：うん。ポイントだけ書けばいいと思う。でも、まあ、初めてにしてはよくできてたんじゃないかなあ。自信を持っていいと思うよ。次はきっともっとうまくいくよ。
>
> M：ありがとう。がんばるよ。
>
> 　女の学生は、男の学生の発表について何が問題だったと言っていますか。
>
> 　1　資料のグラフや図が大きすぎたこと
> 　2　資料のデータが古かったこと
> 　3　資料の説明が不足していたこと
> 　4　資料の文字が多すぎたこと

「抑える」＝文字は少ないほうがいい

4○

2番　正答4
〈話の要点についての具体的な内容〉を問う問題　^{2nd}12

テレビでアナウンサーと大学の教授が話しています。教授が心配しているのはどんなことですか。

M：今日は城山大学の青山教授に大学院の問題についてお話を伺います。

F：私は城山大学で進学率と就職の関係を研究しています。近年、日本では、大学院に進学して研究者を目指す人が減ってきているんです。

M：そうなんですか。国際的に見て、日本での進学率は低いほうなんでしょうか。

F：高校や大学への進学率は高いほうですが、大学院への進学率は高くありません。アメリカや中国、ドイツなど多くの国では大学への進学率も伸び、大学院への進学率も増加傾向にあるのですが、日本はここ数年で大学院への進学率が下がっています。

M：大学院で研究する人が減っているということですか。

F：ええ。私はそこに若手研究者の就職の問題があると見ています。調べたところ、大学卒業者に比べて、大学院修了者向けの求人のほうが大幅に少ないことがわかりました。せっかく大学院を出たのにいい就職先が見つからなければ、進学する人が減るのも当然です。研究者が育たないということは、国の科学技術力の衰退につながります。それは当然、産業の発展にも大きなマイナスとなるでしょう。そうした状況は避けなければなりません。

教授が心配しているのはどんなことですか。

1　大学での教育レベルが低いこと
2　大学院が入りにくくなること
3　大学院を出た人への評価が低いこと
4　研究者をめざす人が減ること

> 日本で研究者を目指す人が減っていることを心配している。　**4○**

ことばと表現

□ **大学院**：graduate school ／研究生院／ cao học

□ **修了**（する）：complete (a course) ／结业／ hoàn thành, kết thúc

□ **大幅に**：数や量の変化が大きいこと。

□ **せっかく**：困難や面倒があっても、苦労してあることをする様子。苦労がむだにならないか、心配する気持ちを含む。

□ **避ける**：avoid ／避开／ tránh

3番　正答1

〈商品の特徴〉を問う問題

電器店で店員が商品について話しています。この商品にはどんな特徴がありますか。

M：こちらの掃除機ロボットが今、当店で一番売れているものです。掃除する場所をあらかじめ決めておけば、自動で掃除してくれますし、バッテリーが減ってきたら、自分で充電器の方に行って充電もできます。掃除機にたまったごみを捨てるのは平均して週に1回程度で、操作も簡単です。シリーズのこれまでの商品は、小さいゴミを取るだけでしたが、こちらの商品の場合、拭き掃除もできます。最近のロボット掃除機はバッテリーが長時間持つものや消費電力が少ないものなど、省エネをアピールしたものが多いですが、こちらの商品はそれだけでなく、お客様のさまざまな要望に応えられる商品だといえます。

この商品にはどんな特徴がありますか。

1　拭き掃除ができる
2　長い時間充電しなくても使える
3　電気代が節約できる
4　自動で掃除機にたまったごみを捨てる

今までの商品はごみを取るだけだったが、この商品は拭き掃除ができるという特徴がある。

1○

ことばと表現

□ **あらかじめ**：物事が始まる前、行われる前に。

□ **バッテリー**：電池

□ **充電(する)**：recharge ／充电／ nạp điện

□ **平均(する)**：average ／平均／ trung bình

□ **操作(する)**：operate ／操作／ điều khiển

□ **拭く**：wipe ／擦／ lau

□ **持つ**：物がなくなったり、だめになったりしないで、使われる状態であり続けること。

□ **消費(する)**：expend; consume ／消费／ tiêu dùng

□ **電力**：electricity ／电力／ điện năng

□ **省エネ**：「省エネルギー」が短くなった言葉で、エネルギーを使う量をなるべく少なくすること。

□ **アピール(する)**：appeal; promote ／宣传／ thể hiện

□ **要望(する)**：demand; desire ／要求 / 希望／ mong muốn

□ **応える**：respond; answer ／应对／ đáp ứng

4番　正答3
理由を問う問題

男の人と女の人が話しています。女の人が転職しようと思ったのはどうしてですか。

M：田中さんも、だいぶ仕事に慣れてきましたね。

F：ありがとうございます。少しずつ、やっとです。

M：前の仕事とはいろいろ違って、大変でしょう。

F：そうですね。でも、新しいことを覚えるのは楽しいですし、仕事は面白いです。前の仕事も好きでしたけど…。

M：そうですか……。でも、好きな仕事だったのにどうしてですか。お金の面とか？

F：いえ、お給料は悪くなかったんですが、家族との生活を考えたときにちょっと……。以前は帰りが遅いことが多かったんですが、母に子供の世話を頼めたんです。でも、去年から母がちょっと体調を崩してしまって……。

M：えっ、大変じゃないですか。入院なさってるとか。

F：そこまでではないんですが、小さい子の世話はちょっと。この会社だと、いつも定時の5時で出られるので、助かっています。

M：そうなんですね。無理しないでくださいね。

F：ありがとうございます。

女の人が転職しようと思ったのはどうしてですか。

1　新しい仕事を覚えたかったから
2　給料が不満だったから
3　仕事が終わるのが遅かったから
4　母親が入院したから

以前は帰りが遅くても大丈夫だった。

今は、いつも5時に会社を出られるからよかった。

ことばと表現

□ **体調を崩す**：体の調子を悪くする。

□ **定時**：勤務時間について、何時から何時までと会社などで定めたもの。特に、始まりの時間や終わりの時間を指して言う。

5番　正答2

原因を問う問題

^{2nd}15

> 男の人と女の人が話しています。電車が止まったのはどうしてですか。
>
> M：はい、やまとカンパニーです。
>
> F：もしもし、田中ですが。
>
> M：あ、田中さん。おはようございます。どうしました？
>
> F：おはようございます。今、駅にいるんですが、電車が止まっちゃって…。たぶん30分か40分遅刻します。
>
> M：今日、だいぶ雪積もりましたもんね。私は家が近いのでよかったですが……。山田さんも今来て、事故で電車が遅れたって言ってました。
>
> F：私も雪の関係かと思ったんですが、何か電気系のトラブルがあったみたいなんです。この路線だけみたいで。しばらく動きそうにないので、ほかの経路で行けないか、ちょっと調べてみます。
>
> M：わかりました。でも、無理しないでくださいね。雪で滑って、けがとかしないように。
>
> F：気をつけます！　じゃ、失礼します。
>
> M：失礼します。
>
> 電車が止まったのはどうしてですか。
>
> 1　雪がたくさん積もったから。
> 2　電気関係の問題が起きたから
> 3　電車の事故があったから
> 4　滑ってけがをした人がいたから

電気系のトラブル
＝電気関係の問題

ことばと表現

☐ **路線**：電車やバスなどが通るところ、線。
☐ **経路**：目的地までの行き方、道の選び方。
☐ **無理する**：force oneself ／勉強／ cố (quá khả năng)
☐ **滑る**：slide ／滑行／ trượt

6番　正答3
話者がこれからどうするかを問う問題

2nd 16

男の学生と女の学生が話しています。男の学生は、これからどうする
つもりだと言っていますか。

M：昨日の地震、びっくりしたね。ちょっと棚から物が落ちたくらい
　　だったけど、揺れが長くて…。

F：うん、怖かった。あんなに長く揺れるんだね。

M：うん。それで、もっとちゃんと、備えておかないとって思ったよ。
　　水も食料もほとんどないし。どこに避難すればいいかも知らないし。

F：そうだよね。揺れがおさまったあと、私もいろいろネットで調べた。
　　うちは近所の小学校に行けばいいみたい。食料や水は…ちょっとは
　　あるけど、ガスや電気が止まったらほんとに困っちゃうと思う。

M：うん。ぼくなんか、一人暮らしだから、つい適当になっちゃってて。
　　あのあと、とりあえず棚とかの家具の固定だけはしたよ。あと、食
　　料や水も、どうしたらいいか、ちょっと考えてみる。

F：そうだね。私ももっと備えよう。

これから食料や水のことについて考える。

男の学生は、これからどうするつもりだと言っていますか。

1　棚など、家具の固定をする。
2　近所の小学校までの行き方を決める
3　非常用の食べ物や水の用意について考える
4　ガスや電気が止まらないように気をつける

ことばと表現

□ 揺れ：「揺れる」の名詞形。
□ 揺れる：shake ／揺动／ lung lay, lắc lư
□ 備える：事が起きたときのために用意する。
□ 食料：食べるもの。
□ 避難(する)：take shelter ／避难／ lánh nạn
□ おさまる：起こった変化(風・熱・火・怒りなど)が弱くなり、落ち着く。
□ 固定(する)：fixation ／固定／ cố định

問題3

例　正答2

※第1回と同じ（→ p.44 参照）

1番　正答3

話題が何かを問う問題

> テレビでアナウンサーが話しています。
>
> 　皆さんは、クレジットカードをよくご利用になるでしょうか。以前は、買い物は現金に限る、という「現金派」の方がかなりの割合を占めていました。特に日本では、現金に対する信頼度が高く、ほかの国に比べ、そうした傾向が強くありました。しかし、クレジットカードの利用者は年々増えているようです。20代から60代の約500人に調査をしたところ、「忙しくて銀行でお金をおろす時間がない」「現金を持ち歩かなくてもいい」「支払いが簡単」「割引など、さまざまなサービスがつく」「今、お金がなくても買い物ができて便利」などの声が多かったです。
>
> 　アナウンサーは何について話していますか。
>
> 　1　クレジットカードの利用者の数
> 　2　クレジットカードと現金の違い
> 　3　クレジットカードを使う理由
> 　4　クレジットカードの利用方法

声＝意見　ここでは、クレジットカードを使う理由が述べられている。

3〇

ことばと表現

- □ **割合**：proportion ／比率／ tỉ lệ
- □ **占める**：occupy ／占／ chiếm
- □ **信頼（する）**：trust ／信頼／ tin cậy
- □ **傾向**：tendency ／傾向／ khuynh hướng
- □ **年々**：yearly ／年年／ hàng năm

2番　正答2
話題が何かを問う問題

そろそろ大学生活には慣れてきたでしょうか。さて、大学生活は4年間あると思ってのんびりしていると、あっという間に過ぎてしまいます。貴重な時間を無駄にしないよう、しっかりと計画を立てて過ごしてください。例えば、2年目にはボランティア活動に参加する、あるいは短期留学をする、3年目には、インターンシップのプログラムに参加して職業体験をする、というように。いずれにしても、大切なのは、学生に与えられた時間と機会、あるいは恵まれた立場を十分に生かすことです。そして、そこで得た体験から学び、成長することです。

大学で先生が学生たちに話しています。

先生は何について話していますか。

1　将来の職業について考えること
2　大学生活の過ごし方
3　社会に広く関心を持つこと
4　実際に経験することの大切さ

時間の使い方について話している。
2○

3番　正答1

〈話の主な内容〉について問う問題。

> テレビで女の人が話しています。
>
> 　本日ご紹介するのは、こちらの口紅です。今、若い女性を中心に大変人気で、手に入りにくくなっている商品ですが、番組をご覧の方へのプレゼントとして、抽選で50名様に差し上げます。こちらの商品は、唇に軽く塗っていただいた後、数分置くだけで、色が落ちにくくなります。特にマスクをすることの多い季節に、マスクの内側に口紅がついて不快だという女性の声に応えるため、開発が進められました。「コーヒーを飲んでも、カップに口紅がつかない」「食事をした後も、唇がきれいなまま」と、喜びの声が上がっていて、人気につながりました。私も使ってみましたが、同じような実感を持ちました。皆さまもお試しになってみてはいかがでしょうか。お色は、こちらの7色からお選びいただけます。
>
> 　女の人は何について話していますか。
>
> 　　1　この商品の人気の理由
> 　　2　この商品の使用方法
> 　　3　この商品の原料や材料
> 　　4　この商品の種類

「〜に応えて」は、相手の希望の通りにすると言いたいときに使う表現。最後に「人気につながりました」とあり、全体を通して、商品の人気の理由が中心に述べられていることがわかる。

ことばと表現

☐ 口紅：lipstick ／口红／ son

☐ 手に入る：acquire ／买到／ có được

☐ 塗る：spread; paint ／涂抹／ sơn, quét

☐ 置く：ここでは、時間を置く（＝一定の時間をとる）という意味。

☐ 不快（な）：unpleasant ／令人不快的／ khó chịu, không thoải mái

☐ 喜び：「喜ぶ」の名詞形。

☐ 実感（する）：実際にそう感じること。

4番　正答2

〈話題が何か〉を問う問題

ラジオで男の人が話しています。

　最近、絵を習う人が増えているようです。私もその一人で、テレビである画家のドキュメンタリーを見たのがきっかけでした。興味を持ち、実際に制作をするようになりました。何もない白い紙に少しずつ線を描き、色を塗って、最後に一つの作品になるその過程を見て、ちょっと感動したんです。非常に集中力が必要な作業ですが、積極的な気持ちを引き出し、達成感が得られるので、近年では、病院やしょう害者施設などでもよく取り入れられるようになっています。

　男の人は、何について話していますか。

　1　絵をかくことを始めた理由
　2　絵を習う人が増えた理由
　3　絵をかく活動が評価されていること
　4　絵が完成するまでの流れ

> 絵を習う人が増えている。その後はその理由の説明。
> 2○

ことばと表現

□ **制作（する）**：絵や音楽、映画など、文化的なものを作ること。
□ **過程**：process ／过程／ quá trình
□ **しょう害者**：person with disabilities ／残疾人／ người tàn tật
□ **施設**：facility ／设施／ cơ sở

5番　正答2

話題が何かを問う問題 

> インターネット配信の番組で男の人が話しています。
>
> 　会社でプレゼンをする際に、資料作りを頑張る人はすごく多いんですけど、プレゼンの時間をどう使うかを考えてる人はそんなにいないと思います。例えば60分のプレゼンがあるとしましょう。出席者は全部を覚えてるんじゃなくて、初めの1分と最後の5分を覚えてるんです。つまり、間の50分近くはあんまり覚えてない。人は1日で記憶の7割を忘れると言われていますから、方法として正しいのは最初の1分と最後の5分に特にエネルギーを傾けることだと思うんです。一流と言われる企業のリーダーたちはプレゼンの最後に、相手に求める行動をわかりやすく、また強調して示すことが多いんです。これはまねしたほうがいいですね。
>
> 　男の人は何について紹介していますか。
>
> 　1　資料作りの重要性
> 　2　効果的なプレゼンの方法
> 　3　人の記憶のパターン
> 　4　一流企業のリーダーたちの特徴

> プレゼンの方法について話している。
> 2○

ことばと表現

□ **プレゼン**：presentation ※「プレゼンテーション」を短くした言い方。

□ **記憶（する）**：memory ／记忆／ kí ức

□ **一流**：first-rate ／一流／ hạng A (danh giá)

問題4
もんだい

例　正答2
れい　せいとう

※第1回と同じ(→ p.48 参照) 
さんしょう

1番　正答1
ばん　せいとう

> F：そんなに落ち込むなら、試験前にもっと勉
> 　　　　お　こ　　　　　しけんまえ　　　　　　べん
> 　　強しておいたらよかったのに。
> 　　きょう
>
> M：1 そうだよね、後悔してる。
> 　　　　　　　　　こうかい
> 　　2 勉強しておいてよかったよ。
> 　　　べんきょう
> 　　3 もうすぐ試験なんて、嫌だよね。
> 　　　　　　　　しけん　　　　　いや

「〜たらよかった」は、「〜しなかったが、したほうがよかった」という後悔。「〜のに」と一緒に使うと、相手への「あなたは〜するべきだった」という意見になる。
こうかい　　　　　　いっしょ　つか　　　あいて　　　　　　　　　　　　　　　　いけん

2番　正答2
ばん　せいとう

> F：あれ？　打ち合わせの時間、昨日伝えたつ
> 　　　　　　　　う　あ　　　　　じかん　きのうつた
> 　　もりだったんだけど……。
>
> M：1 時間を伝えたらいいんですね。
> 　　　じかん　つた
> 　　2 みんな知らないみたいですよ。
> 　　　　　　　し
> 　　3 伝えたばかりなら、しょうがないですね。
> 　　　つた

「〜たつもりだった」は、「〜したと思っていたが、実際は違った」という意味。
おも　　　　　じっさい　ちが　　　　　　　　　　　　　いみ

3番　正答2
ばん　せいとう

> M：松田さん、いくらレポートが難しいからっ
> 　　まつだ　　　　　　　　　　　　　　むずか
> 　　て、人に手伝ってもらいすぎだよ。
> 　　　ひと　てつだ
>
> F：1 木村さんも手伝ってくれるんですか。
> 　　　きむら　　　　てつだ
> 　　2 すみません。自分でやり直します。
> 　　　　　　　　　じぶん　　　なお
> 　　3 いくら大変でも、やってみることが大切
> 　　　　　　たいへん　　　　　　　　　　　　　たいせつ
> 　　　なんですよ。

「〜からって」は、「〜という理由があっても」という意味。後ろには、よくないと否定する内容が
いみ　うし　　　　　　　　ひてい　ないよう

来る。
く

4番　正答2
ばん　せいとう

> M：昨日、焼き肉を食べに行ったら、社長に
> 　　きのう　や　にく　た　い　　　　　　しゃちょう
> 　　ばったり会って。
> 　　　　　あ
>
> F：1 そっか、社長と約束してたんだ。
> 　　　　　　しゃちょう　やくそく
> 　　2 へー、偶然で驚いたね。
> 　　　　　ぐうぜん　おどろ
> 　　3 一緒に行くこともあるんだね
> 　　　いっしょ　い

「ばったり」は「偶然会う」という意味。
ぐうぜん　あ　　　　　いみ

5番　正答3
ばん　せいとう

> M：以上で、ご注文の品はお揃いですか。
> 　　いじょう　　　ちゅうもん　しな　　そろ
>
> F：1 ええ、揃ったらそうしようと思います。
> 　　　　　　そろ　　　　　　　　　おも
> 　　2 早く注文したのが来るといいんですが。
> 　　　はや　ちゅうもん　　　く
> 　　3 はい、これで全部です。
> 　　　　　　　　ぜんぶ

「お揃いですか」は、「必要なものが全部来た」という意味。
そろ　　　　　　ひつよう　　　　ぜんぶき　　　いみ

ことばと表現

□ 揃う：不足がないこと、全部あること。
そろ　ふそく　　　　　　ぜんぶ

6番　正答3
ばん　せいとう

> F：お客様、こちらでのご飲食はご遠慮いただ
> 　　きゃくさま　　　　　　　いんしょく　えんりょ
> 　　けますか。
>
> M：1 これ、少しですがどうぞ。
> 　　　　　すこ
> 　　2 はい、遠慮なくいただきます。
> 　　　　　えんりょ
> 　　3 すみません。どこなら大丈夫ですか。
> 　　　　　　　　　　　だいじょうぶ

「ご遠慮いただけますか」は、「〜しないでください」という意味の、丁寧な言い方。店員やスタッフが客に対して使うことが多い。
えんりょ　　　　　　　　　　　　　　　　　　いみ　　ていねい　いかた　てんいん　　　　　　きゃく　たい　つか　　　　おお

7番　正答3 

F：この企画はちょっと見直したほうがいいと
　　思う。

M：1　えっ、どこが間違ってるの？

　　2　うん、よくなったね。

　　3　そうだね。もう一回考えよう。

「見直す」は「もっといいものがないか、もう一度
考える」という意味。

8番　正答1

M：一人暮らしを始めてから、野菜が不足しが
　　ちで。

F：1　野菜ジュースでも飲んでみたら？

　　2　おうちで野菜作ってるんですね。

　　3　ご家族からもらっていたんですね。

「〜がち」は、「〜すること、〜という状態になる
ことが多い」という意味。

9番　正答1

M：難しいのは承知ですが、今月末までになん
　　とかなりませんか。

F：1　何度言われても、その期限では無理です
　　　よ。

　　2　やってくれるんですね、うれしいです。

　　3　今月中にわかってもらうことが大切で
　　　すね。

「なんとかなりませんか」は、「難しい・できない
とわかっているが、やってもらえないか」という
依頼の表現。

ことばと表現

□ 期限：term; period ／期限／ thời hạn

10番　正答1 

F：あの人、しょっちゅう言うことが変わるけ
　　ど、いいかげんにしてほしい。

M：1　対応に困るよね。

　　2　ちょうどいい感じだね。

　　3　山田さんが言ってたんじゃない？

「いいかげんにして（ほしい）」は、「本当に嫌で、
うんざりしているのでやめてほしい」という意
味。

ことばと表現

□ いいかげんにする：「いいかげんにしろ」「い
　いかげんにしてください」など命令形で、「ふ
　ざけないで」「やめなさい」「ちゃんとして」な
　どの意味を表す。

□ 対応：to deal with ／応対／ xử lí, đối phó

11番　正答3 

F：この店のケーキ、思った以上においしかっ
　　たね。

M：1　うん、思ったとおりだった。

　　2　田中さんが思ったんでしょうね。

　　3　ほんと、びっくりしたよ。

「思った以上に」は、「予想よりも〜だった」とい
う意味。

12番　正答2

M：学生のころ通ってた、あの店がなくなると
　　は……。

F：1　これからもっと通わないといけませんね。

　　2　いやあ、残念ですね。

　　3　なくなったら驚きですね。

「〜とは…」は、「〜にとても驚いた」という意味。

問題5

1番　正答2

情報を整理しながら話者の選択をとらえる問題。

2nd 40

紅茶の店で、店員と客が話しています。

M：いらっしゃいませ。何かお探しでしょうか。

F：ちょっとプレゼント用で探してて。会社の先輩で、男性なんですけど、仕事中よく紅茶を飲んでるので、紅茶がいいかなと思って。

M：ご予算はおいくらぐらいですか。

F：そうですね。3000円以内でしょうか。

M：かしこまりました。まずおすすめしたいのが、当店一番人気のこちらです。高品質のお茶の葉を使い、味、香りともに、自慢の一品です。お買いになるお客様は男性の方も多いですね。

F：へえ。おいくらですか。

M：こちらは2,000円となっております。それから、こちらの商品を含む、3種類の紅茶がセットになったものもおすすめでございます。ほかの2種類も当店では定番の商品でして、3種類ございますから、きっとお好みの味が見つかると思います。こちらが2,800円となっております。

F：いろんな味が楽しめるんですね。

M：はい。また、カフェインレスの紅茶のセットもございます。カフェイン抜きとなっておりますので、夜寝る前やリラックスしたいときなどにぴったりです。特に女性の方からの関心が高い商品になっています。

F：へえ。カフェインレスって、コーヒーだけじゃなくて、紅茶もあるんですね。

M：ええ。こちらは3種類のセットで3,000円となっております。

F：そうですか。迷っちゃうなぁ。ほかにもありますか。

M：例えば、今ご紹介した商品をこちらのプレゼント用の缶にお入れするのはいかがでしょうか。缶は紅茶を飲み終わった後もお使いいただけますし、プレゼント用として人気があります。缶の代金として700円頂きますが。

F：わぁ、素敵なデザインですね。うーん、どうしよう。男性にも人気があって、いろいろな味が楽しめるものがいいですね。やっぱり予算内に収めたいから、これでお願いします。

客は、どれを買うことにしましたか。

1　一番人気のある紅茶　　　　　2　3種類の紅茶のセット

3　カフェインレスの紅茶のセット　4　缶に入った紅茶のセット

「男性に人気がある」＝男性もよく買う、店で一番人気の紅茶、「いろいろな味が楽しめる」＝2種類以上のセット、「予算内に収めたい」＝3,000円以内、の条件に当てはまるのは、「店で一番人気の紅茶を含む、3種類の紅茶のセット」。

他の選択肢　1→いろいろな味が試せない。

3→店員は男性に人気があるとは言っていない。

4→紅茶のセットに缶の代金を追加すると、予算を超える。

ことばと表現

□ **当店**：この店、自分の店。　　　　□ **一品**：「ひとしな」とも読む。一番いいもの。
□ **定番**：流行に関係なく、常に売れる商品。
□ **カフェインレス**：カフェイン抜きの。㊤ caffeine-less より。

2番　正答2

結論を問う問題 
41

親子三人が、おじいさんの運転免許について話しています。

F₁：ねえ、ちょっといい？今日、おじいちゃんの運転免許の更新の案内
　　が届いたんだけど。おじいちゃん、もう70近くじゃない？運転は
　　やめたほうがいいんじゃないかと思って。

M：免許の更新か。確かに、最近、高齢者が運転する車の事故が多いもんな。
　　ブレーキとアクセルを踏み間違えたって。おじいちゃんは何だって？

F₁：更新したいって。

F₂：そうだよね。おじいちゃん、毎日のように自分で運転して釣りに
　　行ってるしね。更新しない場合は、お父さんかお母さんが代わりに
　　運転することになるのかなあ。

M：そういうことになるよね。でも、だからといって釣りをやめろとは
　　言えないしなぁ。

F₁：他の趣味はないのかな？　車がなくてもできるような。

F₂：いや、この前、今は釣りが唯一の楽しみだって言ってた。

M：そうか。まぁ、今のところ、そんなに運転に問題はなさそうだけど…。

F₁：今はそうかもしれないけど、でも、やっぱり心配だよ。最近、人と
　　か建物にぶつかりそうになったら自動で止まってくれる車がある
　　じゃない？　そういうのに買い替えるっていうのはどう？

M：うん、そうだな。本人もまだ運転したいだろうし、それを更新の条
　　件にしようか。

F₂：私、来年には免許取ろうと思ってるから、取れたら、ときどき私が
　　代わりに運転するよ。私は海辺のカフェで本を読む。

F₁：そうね。三人で交代して運転できるなら、おじいちゃんが免許を更
　　新する必要もなくなるからね。

　家族は、おじいさんの運転免許について、どう提案することにしまし
たか。

　1　今は運転に問題がないから、更新する
　2　車を買い替えることを条件に、更新する
　3　ほかの趣味があるから、更新しない
　4　家族が代わりに運転するから、更新しない

> 「本人（＝おじいさん）もまだ運転したいだろう」、「それ＝（何かにぶつかりそうになったら自動で止まるような、安全性の高いものに車を買い替える）を更新の条件にする」と言っている。

他の選択肢 1→「今は運転に問題はなさそう」だが、「やっぱり心配だ」と言っていることから、今運転に問題がないことだけが更新する理由とは言えない。

3→「今は釣りが唯一の楽しみ(=ほかの趣味はない)」と言っている。

4→「三人で交代して運転するから更新の必要がなくなる」のは、娘が来年以降運転免許を取ってから。

ことばと表現

□ 更新(する)：利用できる期間が終わるとき、その期間を新しくすること。

□ 唯一：それだけしかない。例この町で唯一のコンビニ

□ 買い替える：今使っているものに代えて、新しいものを買う。例携帯電話を買い替える

□ 海辺：海の近く。

□ 交代(する)：ある役割をする人を別の人に変えること。例交代で休む、選手を交代させる

3番　質問1：正答1　質問2：正答2

会話全体をまとめて話者の選択を問う問題 

大学で、インターンシップについての説明を聞いて、学生二人が話しています。

M₁：今から、インターンシップの概要を説明します。先ほど配ったインターンシップ実施予定の企業のリストを見ながら、聞いてもらえればと思います。まず、リストの最初にある「一日型」のインターンシップですが、これは文字通り一日だけで、企業や業界の説明会や、短時間でのグループワークが中心になります。気軽に参加できるので、まずはさまざまな企業、業界のことを知りたいという人は、複数参加してみて比較してみるといいでしょう。次に、「短期型」ですが、これは数日から1週間、長い場合、2〜3週間実施されます。企業が用意したプログラム、例えば、実際の商品をどう売り出すかを検討するといった活動に、ほかの参加者と取り組みます。夏休みや冬休みなどに実施される場合が多いので、参加もしやすいと思います。それから、「長期型」ですが、これは数か月またはそれ以上、企業で実際に働くタイプになります。社員と一緒に実際の業務に取り組みますので、責任は大きいですが、より実践的な経験ができます。なお、長期型は給料が出る場合がほとんどです。また、最近では、オンラインで実施されるものも増えてきています。これまで遠くて参加を諦めていたような企業のインターンシップにも参加できるようになっています。

F：　インターンシップって、いろいろあるんだね。どうやって商品を売り出すか考えるとか、社員と一緒に働くとか、大変そうだけど面白そう。

M₂：うん。いい勉強になりそうだよね。そういうやつに参加する？

F：　うーん。面白そうだし、給料が出るのも魅力的だけど、実はまだ、どんな仕事をやりたいのか、わかってなくて。

M₂：そっか。じゃ、まずはいろんな企業とか業界を知るところから始めるって感じ？

F：　そうなるかな。山田君は地元に戻って就職したいって言ってたよね。

M₂：うん。遠いから地元でのインターンシップは難しいかなと思ってたんだけど、リストを見たら興味のある企業があって。しかも、夏休みに1週間。夏休みはいつも地元に帰ってるから、ちょうどいいなと思って。

F：　へえ、いいんじゃない。

質問1　女の人は、どれに参加しますか。

質問2　男の人は、どれに参加しますか。

1　一日型
2　短期型
3　長期型
4　オンライン型

質問1「いろいろな企業、業界のことを知りたい」がポイント。　1○

質問2「夏休みの1週間に地元の企業のインターンシップに参加する」がポイント。　2○

ことばと表現

□ **インターンシップ**：internship
□ **概要**：全体の要点をまとめたもの、大体の内容。
□ **実施（する）**：実際に行うこと。
□ **文字通り**：書かれてあるとおり、字で表しているとおり。
□ **業界**：同じ仕事をしている企業や人の社会。囫広告業界
□ **気軽**：深く考えずに簡単に行動する様子。
□ **取り組む**：確かな意志を持って問題や仕事に当たる。囫環境問題に取り組む
□ **地元**：自分が住み、生活の中心にしているところ。

模擬試験 第3回　解答・解説
（かいとう・かいせつ）

言語知識（文字・語彙・文法）・読解（げんごちしき もじ・ごい・ぶんぽう・どっかい）

問題1
番号	解答
1	3
2	4
3	1
4	4
5	2

問題2
番号	解答
6	3
7	4
8	1
9	3
10	1

問題3
番号	解答
11	4
12	2
13	2
14	2
15	1

問題4
番号	解答
16	4
17	2
18	3
19	1
20	2
21	4
22	2

問題5
番号	解答
23	3
24	1
25	4
26	3
27	4

問題6
番号	解答
28	3
29	2
30	2
31	3
32	3

問題7
番号	解答
33	2
34	4
35	3
36	3
37	3
38	4
39	1
40	2
41	4
42	4
43	1
44	2

問題8
番号	解答
45	1
46	4
47	2
48	2
49	2

問題9
番号	解答
50	4
51	3
52	3
53	2
54	2

問題10
番号	解答
55	4
56	3
57	3
58	2
59	4

問題11
番号	解答
60	2
61	4
62	3
63	2
64	3
65	1
66	3
67	[illegible]
68	4

問題12
番号	解答
69	3
70	4

問題13
番号	解答
71	2
72	4
73	3

問題14
番号	解答
74	1
75	3

聴解（ちょうかい）

問題1
番号	解答
例	[illegible]
1	[illegible]
2	[illegible]
3	[illegible]
4	[illegible]
5	[illegible]

問題2
番号	解答
例	[illegible]
1	[illegible]
2	[illegible]
3	[illegible]
4	[illegible]
5	[illegible]
6	[illegible]

問題3
番号	解答
例	[illegible]
1	[illegible]
2	[illegible]
3	[illegible]
4	[illegible]
5	[illegible]

問題4
番号	解答
例	[illegible]
1	[illegible]
2	[illegible]
3	[illegible]
4	[illegible]
5	[illegible]
6	[illegible]
7	[illegible]
8	[illegible]
9	[illegible]
10	[illegible]
11	[illegible]
12	[illegible]

問題5
番号	解答
1	[illegible]
2	[illegible]
3 (1)	[illegible]
3 (2)	[illegible]

問題1
もんだい

1 正答3
せいとう

□ 消毒：菌やウィルスを殺すこと。
しょうどく　きん　　　　　　　　　　　　ころ

▶ □消＝ショウ／きーえる、けーす

例 消火、火が消える、電気を消す
しょうか　ひ　き　　　　でんきけ

▶ □毒＝どく　　例 毒がある
どく

2 正答4
せいとう

□ 日中：日がのぼっている間、昼間。
にっちゅう　ひ　　　　　　　　　あいだ　ひるま

▶ □日＝ジツ・ニチ／か、ひ

例 本日、毎日、三日、日にち
ほんじつ　まいにち　みっか　ひ

▶ □中＝ジュウ・チュウ／なか

例 一日中、電話中、かばんの中
いちにちじゅう　でんわちゅう　　　　なか

3 正答1
せいとう

□ 湿度：空気に水分が含まれる割合。
しつど　くうき　すいぶん　ふく　　わりあい

▶ □湿＝シツ／しめーる

例 湿度、湿気、タオルが湿る
しつど　しっけ　　　　　　しめ

4 正答4
せいとう

□ 腕：肩から手首までの部分。
うで　かた　　てくび　　　ぶぶん

▶ □腕＝ワン／うで

例 腕力、腕が長い
わんりょく　うで　なが

5 正答2
せいとう

□ 操作：機械などを動かすこと。
そうさ　きかい　　　　うご

▶ □操＝ソウ／あやつーる

例 体操する、人形を操る
たいそう　にんぎょう　あやつ

▶ □作＝サ・サク／つくーる

例 作業、作文、クッキーを作る
さぎょう　さくぶん　　　　　　　つく

問題2
もんだい

6 正答2
せいとう

□ 管理：ものの状態などが変わらないように
かんり　　　　じょうたい　　　　　　か
すること。

▶ □管＝カン／くだ　　例 管理、管を通す
かんり　くだ　とお

▶ □理＝リ　　　　　　例 理解する
りかい

7 正答4
せいとう

□ 痛い
いた

▶ □痛＝ツウ／いたーい　　例 腹痛、痛い
ふくつう　いた

8 正答1
せいとう

□ 狭い
せま

▶ □狭＝キョウ／せまーい、せばーめる

例 狭小、狭い部屋、間を狭める
きょうしょう　せま　へや　あいだ　せば

9 正答3
せいとう

□ 氷
こおり

▶ □氷＝ヒョウ／こおり

例 氷山、氷を入れる
ひょうざん　こおり　い

10 正答1
せいとう

□ 辺り：ある場所、ある時間から近い範囲。
あた　　　　ばしょ　　　　　じかん　　ちか　はんい

▶ □辺＝ヘン／あたーり、べ

例 この辺、家の辺り、海辺
へん　いえ　あた　　うみべ

問題3
もんだい

11 正答4
せいとう

□ **高齢化**：人口の中で高齢者の割合が高くなること。
こうれいか　じんこう　なか　こうれいしゃ　わりあい　たか

▶ □ **〜化**：変化を表す
か　へんか　あらわ

例 少子化、機械化、電子化
しょうしか　きかいか　でんしか

他の選択肢

1 〜感：感じること
かん　かん
例 存在感、危機感
そんざいかん　ききかん

2 〜性：性質を表す　名詞
せい　せいしつ　あらわ　めいし
例 安全性、可能性
あんぜんせい　かのうせい

3 〜的：性質を表す　ナ形容詞
てき　せいしつ　あらわ　けいようし
例 代表的、文化的
だいひょうてき　ぶんかてき

12 正答2
せいとう

□ **入場料**：入場するときに払うお金。
にゅうじょうりょう　にゅうじょう　はら　かね

▶ □ **〜料**：サービスなどを受けたときに支払うお金。例 利用料、授業料
りょう　しはら
かね　りようりょう　じゅぎょうりょう

他の選択肢

1 〜金：特定の場合に支払うお金
きん　とくてい　ばあい　しはら　かね
例 奨学金、入学金
しょうがくきん　にゅうがくきん

3 〜費：何かをするために必要なお金
ひ　なに　ひつよう　かね
例 交通費、生活費、光熱費
こうつうひ　せいかつひ　こうねつひ

4 〜賃：人や物を使うときに支払うお金
ちん　ひと　もの　つか　しはら　かね
例 家賃、電車賃
やちん　でんしゃちん

13 正答2
せいとう

□ **未完成**：まだ完成していないこと。
みかんせい　かんせい

▶ □ **未〜**：まだ〜ていない
み
例 未解決、未経験
みかいけつ　みけいけん

他の選択肢

1 無〜：〜がない　　例 無関心、無意識
む　　　　　　　　　むかんしん　むいしき
3 不〜：〜ではない　例 不可能、不必要
ふ　　　　　　　　　ふかのう　ふひつよう
4 非〜：〜ではない　例 非常識、非公式
ひ　　　　　　　　　ひじょうしき　ひこうしき
→「非」は「本来あるべきものではない」という
ほんらい
意味がある。
いみ

14 正答2
せいとう

□ **働き手**：働く人。
はたらて　はたらひと

▶ □ **〜手**：労働力、働く人。例 人手、男手
て　ろうどうりょく　はたらひと　ひとで　おとこで

他の選択肢

1 〜人：その行為をする人
にん　こうい　ひと
例 案内人、犯人
あんないにん　はんにん

4 〜方：丁寧に複数の人を表す
がた　ていねい　ふくすう　ひと　あらわ
例 先生方、先輩方
せんせいがた　せんぱいがた

15 正答1
せいとう

□ **全世界**：世界全体。
ぜんせかい　せかいぜんたい

▶ □ **全〜**：〜全体、全ての〜。
ぜん　ぜんたい　すべ
例 全国、全学生
ぜんこく　ぜんがくせい

他の選択肢

2 総〜：全部合わせた〜
そう　ぜんぶあ
例 総人口、総数
そうじんこう　そうすう

3 満：いっぱいになること
まん
例 満室、満席
まんしつ　まんせき

4 完：欠けたところがないこと
かん　か
例 完全、完売
かんぜん　かんばい

問題4
もんだい

16 正答4
せいとう

□ **一致する**：二つ以上のものが同じになること。
いっち　　ふた　いじょう　　　　おな

例 各国の SDGs についての基本的な考えは
かっこく　　　　　　　　　　　　きほんてき　かんが
一致しているが、問題も多い。
いっち　　　　　　　もんだい　おお

他の選択肢

1 一貫する
いっかん
例 その学校では、小学校から高校まで一貫し
がっこう　　　しょうがっこう　こうこう　　　いっかん
た指導を行っている。
しどう　おこな

2 一転する
いってん
例 社長の一言で状況は一転した。
しゃちょう　ひとこと　じょうきょう　いってん

3 一定する
いってい
例 この商品は一定した人気を保っている。
しょうひん　いってい　にんき　たも

17 正答2
せいとう

□ **さっぱり**：不快感や気になっていたものが
ふかいかん　き
なくなり、気持ちのよい感じ。控えめで、
きも　　　　かん　ひか
後に残らない感じ。味や気分などについて
あと　のこ　　　かん　あじ　きぶん
言う。「ない」と一緒に使うと「全く〜ない」
い　　　　　　　いっしょ　つか　　　まった
という意味になる。
いみ
例 この AI に関する本は片仮名の言葉ばかり
かん　ほん　かたかな　ことば
で、さっぱりわからない。

他の選択肢

1 がっちり
例 試合の前、両選手はがっちり握手をした。
しあい　まえ　りょうせんしゅ　　　あくしゅ

3 じっくり
例 兄はじっくり考えてから行動するタイプで
あに　　　　　かんが　　　こうどう
す。

4 きっちり
例 犬のえさは、毎回きっちり量を測ってあげ
いぬ　　　　　まいかい　　　りょう　はか
ている。

18 正答3
せいとう

□ **コスト**：費用
ひよう
例 原料の値上げにより、生産コストが上
げんりょう　ね あ　　　　　せいさん　　　　　あ
がっている。

他の選択肢

1 メリット
例 リサイクルを進めることで、さまざまなメ
すす
リットがある。

2 エネルギー
例 石油や石炭に代わる新しいエネルギー資源
せきゆ　せきたん　か　　あたら　　　　　　　しげん
が必要だ。
ひつよう

4 カロリー
例 最近はカロリーを抑えた食品がいろいろ売
さいきん　　　　　　おさ　　しょくひん　　　　　　う
り出されている。
だ

19 正答1
せいとう

□ **削除**（する）：文章やデータなどの一部または
さくじょ　　　ぶんしょう　　　　　　　　いちぶ
全部をカットすること。
ぜんぶ
例 重要な部分を誤って削除してしまった。
じゅうよう　ぶぶん　あやま　　さくじょ

他の選択肢

2 除去（する）
じょきょ
例 この洗剤は、なかなか落ちない油汚れもき
せんざい　　　　　　　　お　　　あぶらよご
れいに除去します。
じょきょ

3 消失（する）
しょうしつ
例 戦争中に世界的な名画が消失するというこ
せんそうちゅう　せかいてき　めいが　しょうしつ
ともあった。

4 消化（する）
しょうか
例 食べてすぐ運動すると、消化によくない。
た　　　　　うんどう　　　　しょうか

20 正答2
せいとう

□ **騒がしい**：何かが起きて声や音を増し、うる
さわ　　　　　なに　　　お　　こえ　おと　ま
さい。
例 事故でもあったのか、駅前が騒がしい。
じこ　　　　　　　　　えきまえ　さわ

他の選択肢

1 めざましい
例 ここ 10 年の間にその国はめざましい発展
ねん　あいだ　　　　くに　　　　　　　はってん
をとげた。

3 おしい

例 昨日の試合、1点差で負けたんだって。惜しかったね。

4 まぶしい

例 太陽の光がまぶしかったので、サングラスをかけました。

---

21 正答4

□ **きつい**：仕事や状況があまりに大変で、つらい。
例 そのアルバイトは結構きつい仕事だったが、お金はよかった。

他の選択肢

1 **遅い**
例 友達から返事が遅いと怒られた。

2 **険しい**
例 ここから先は険しい道が続くので、気をつけて登ってください。

3 **危うい**
例 資金不足からA社は経営が危うくなっている。

22 正答2

□ **認め合う**：相手の能力などについて、互いに評価する。
例 考え方の違いはあるが、二人はお互いの力を認め合っている。

他の選択肢

1 **取り寄せる**
例 北海道から新鮮な魚を取り寄せた。

3 **見通す**
例 今後の経済状況をしっかり見通して計画すべきだ。

4 **受け取る**
例 荷物を受け取ったが、まだ中を見ていない。

問題5

23 正答3

□ **たまたま**：偶然。
例 たまたまその店の前を通りがかった。

24 正答1

□ **気が散る**：集中できない。
例 外の音がうるさくて、気が散って仕事ができない。

25 正答4

□ **(〜に)欠ける**：(〜が)不足する。
例 その薬は、効果はあるが、安全性に欠ける。

26 正答3

□ **根気よく**：こつこつ
例 根気よく説明すれば、わかってくれるはずだ。

27 正答4

□ **〜たとたん**：〜とすぐに。
例 その名前を聞いたとたん、彼の表情が変わった。

問題6

28 正答3

□ **移転(する)**：会社、役所などの場所が変わる
例 区役所は2年後に駅の南口に移転する予定だ。

他の選択肢

1 転居・引っ越し　3 建て替え　4 移住

29 正答2

□ **いたわる**：弱っているものや傷ついているものをやさしく扱う。
例 お年寄りをいたわる優しい子に育ってほしい。

他の選択肢

1 祝杯をあげた　3 応援した　4 大事にしていた

30 正答2

□ **やっと**：長い間待っていたことが実現して、ほっとした気持ちを表す
例 引っ越しの後片付けが昨日やっと終わった。

他の選択肢

1 わざと　3 何と　4 ついに

31 正答3

□ **変更（する）**：決まっていたことを変えること。
例 雪で出発時間が変更された。

他の選択肢

1 改善　2 変化　4 交換

32 正答3

□ **見当**：大体こうだという予想をすること。
例 費用がいくらぐらいになるか、見当をつけておいてください。

他の選択肢

1 焦点　2 変更　4 結論

問題7

33 正答2

□ **〜ものの**：〜けれども。
例 今度の企画、僕がやりますと言ったものの、自信がない。

34 正答4

□ **〜にとって**：〜の立場からは、〜の立場で考えると。
例 日本にとって資源の確保は重要な問題だ。

35 正答3

□ **〜かねない**：「〜かねる」と「〜ない」で「〜する可能性がある」。
例 このまま川の水が増せば、橋が流されかねない。

36 正答3

□ **ために**：目的を示す
例 駅のホームにある黄色い部分は、目の見えない人の安全のために作られたものです。

37 正答3

□ **ただ**：ある事柄について情報を付け加える
例 この部屋は家賃も手ごろだし、環境もいい。ただ、駅からちょっと遠い。

38 正答4

□ **何とも**：どう言っていいか、わからないような。言葉にできないほど。「何ともない」は「全く問題ない」という意味。
例 昨日から頭痛がしていたが、今朝起きたら何ともなかった。

39 正答1

□ **見回る**：何か問題がないか、ある場所を見て回る。
例 朝と夕方、生徒の親たちが学校周辺を<u>見回っている</u>。

40 正答2

□ **〜べきだ**：〜するのが当然だ。
例 若くて元気な人は、お年寄りに席をゆず<u>るべきだ</u>。

41 正答4

□ **〜どころではない**：ある理由で〜する状況ではないことを表す。
例 朝から問い合わせが電話が止まず、会議をする<u>どころではない</u>。

42 正答4

□ **〜上で**：〜ために、〜場合に。
例 大学院を目指す<u>上で</u>重要なことは、研究課題をしっかり持つことだ。

43 正答1

□ **やっと**：待っていたことが実現して、ほっとした気持ちを表す。
例 <u>やっと</u>希望がかなって教師になることができた。

44 正答2

□ **お目にかかる**：「会う」の謙譲語。
例 先生に<u>お目にかかり</u>たいんですが。

問題8

45 正答1

急速に温暖化が進み、今後は₄石油に ₂たよりがちな ₁現在のエネルギー事情を ₃改善することが 重要となってきます。

46 正答3

日本には食べ物があふれている一方で、₄体にいいものを ₂どう選んでいいか ₃わからず ₁悩んでいる 人がいる。

47 正答2

このデータから₄ライフスタイルの ₃多様化に伴い ₂働き方に対する ₁人々の考えも 変化してきていることがわかる。

48 正答2

外国人の採用を₄敬遠する ₁企業も ₂ある ₃一方で、積極的に活用しようという企業も多くなってきた。

49 正答2

宅配サービスは、買いたい商品があるときに、₄みずから ₃移動する ₂ことなく ₁手に入れることができることに価値がある。

問題9

50 正答 **4**

他の選択肢

1・2・3 → 主観的な表現でふさわしくない。

51 正答 **3**

他の選択肢

1 → 前の内容に対してマイナスの補足をする表現。
2 → 前の内容を受けた影響や結果を述べる表現。
4 → 前の内容と対比する表現。

52 正答 **3**

53 正答 **2**

54 正答 **2**

オートミールでダイエット

　最近、オートミールの人気が高まっています。テレビの健康番組や雑誌など で多く **50** 。オートミールは、穀物の一種である「オーツ麦」を原料とする 食品です。ダイエットに効果的で、 **51** 、一般的な主食（ご飯やパン）よりも ビタミンやミネラルが豊富に含まれているので、ダイエット中に **52** 栄養素 を無理なく補うことができます。

オートミールがダイエットに役立つ3つの理由はまず、血糖値の数値がパンや 白米と異なり低いこと、2つめは水分を含ませた状態で食べるため、少量でも 満足できること、3つめは料理が簡単で続けやすいことです。

　どんなにダイエットにいいと言われても、調理に時間が **53** 毎日気軽に続 けられません。その点、オートミールは、牛乳やお湯と合わせて煮るか、レン ジでチンするだけでよく、難しい調理は不要です。時間も5分程度 **54** 要さ ないので、忙しくても取り入れやすいです。オートミールをおいしく食べるレ シピがネットにたくさんアップされているので、探して作ってみてください。

「〜がち」は「〜し やすい」「〜するこ とが多い」という 意味。　**3**◯

「〜ようでは」は 「〜ということに否 定的な気持ちを表 す」表現。　**2**◯

「〜しか〜ない」は 「〜だけだ」という 意味。　**2**◯

読　解

問題10（短文）

(1)

55　正答3

〈筆者が最も伝えたいこと〉を問う問題。

> 　「年はとりたくないものだ」とはよく言うが、老化は恐れるべきものなのだろうか。確かに、体の機能はみな等しく徐々に衰えていく。しかし、長い年月をかけて身につけた能力や得た人脈、経験は、成熟した人間にしか得られず、長く生きた人の特権でもある。
>
> 　もちろん、ただ長生きすればいいというものではない。新しいことに無関心というのもつまらない。そうなると、本当にすべてが衰える一方になり、自分らしさを失うことにもなるだろう。知的好奇心を持ち続け、いくつ年を重ねても、変わらない自分、好きな自分でありたいものだ。

「確かに」で読み手の考えをまず受け入れ、「しかし」以降で筆者の意見を述べている。経験は長生きの特権という趣旨の文が続いており、ここが正答。

ことばと表現

- □ 人脈：友人や知人など、その人にとって力となる人との関係。
- □ 特権：特別に与えられた権利。
- □ 好奇心：curiosity ／好奇心／ hiếu kì

(2)

56　正答4

〈筆者が最も伝えたいこと〉を問う問題

> 　SNSの「いいね！」にどれだけの価値があるのか私にはわからないが、ここ最近、そのことにこだわっている人が多いように感じる。
>
> 　「いいね！」の数が普段より少ないと不安になったり、他人の投稿に「いいね！」し忘れていないか過去の投稿をわざわざさかのぼってまでチェックしたりしている人も少なくない。それも一つのコミュニケーションだと言われたら、そうかもしれない。だが、顔も知らない他者からの評価で自分の生活や人生が狂わされるようなことがあるとしたら、非常に危うい状態だ。

「だが」以降が筆者の言いたいこと。正答は「他者からの評価が自分の価値判断の全てになっていたら、非常に危うい状態だ。」を言い換えている。

(3)

57　正答 4
〈文章が求める行動〉を問う問題

健康診断について

城山大学　保健センター

20XX 年 4 月 2 日

　延期になった健康診断を 4 月 29 日（月）に大学保健センターで実施します。今回は内容を少し変更して行いますので、持ち物は学生証のみで結構です。先日郵送した「健康状態に関するアンケート（問診票）」は不要です。当日、保健センターで新しいものに記入してください。

　現在、ウィルス性の風邪が流行しているようです。健康診断当日に体調を崩さないように、しっかり手洗い・うがいをし、体調管理に気をつけるようにしてください。

持ち物について説明している　　4 ○

他の選択肢

1 → 健康診断は 4 月 29 日に行われるので×。
2 → 一番の目的ではないので×。
3 → 問診票は不要なので×。

ことばと表現

□ 問診票：病院で診察を受ける前に健康や体の状態について書いて出すもの。

(4)

58 正答2

〈筆者の今の考え〉を問う問題

> 10代の頃にずっと夢見ていた音楽の道をあきらめ、俳優を志すようになったのが22の時でした。それから、もう10年になります。俳優の仕事を始めてからは、毎日、無我夢中でやってきましたが、今回、機会に恵まれてCDを出すことができました。夢をかなえることができ、うれしく思いました。また、久しぶりに音楽で自分を表現することの楽しさも感じたのですが、それはかつてのものとはちょっと違っていました。以前は「かっこよく、上手に歌うこと」ばかりを意識していましたが、それは実はあまりかっこよくない。周りの評価ばかり気にしていたと思います。それよりも、単純に気持ちを込めて歌や演奏をしたい、みんなと一緒に音楽を楽しみたい、という思いが強くなったのです。

これは以前の考え

それよりも＝以前の考え
気持ちが大切だと思っている

他の選択肢

1 → 上達できるわけではないとは書かれていないので×。

3 → 音楽の仕事をする・しないがポイントではないので×。

4 → 上手でなくてもいいとは書かれていないので×。

(5)

59 正答4

〈筆者の今の考え〉を問う問題

> 言葉は完璧な多数決ですから、どんな間違った言葉でも、大勢の人が使い出すと、それは正しい言葉になってしまいます。「絶対に何とかはない」とかという「絶対」とか「とても」というのは、本来は下に否定がこなければいけないのに、「この品物、絶対これです」などと言いますよね。でも、昔は「絶対」と言ったら「だめだ」「いけない」などというふうに必ずつながっていたのです。芥川龍之介から始まって、昭和の初期の人たちは、「とてもいい」という言い方はない、間違いだと叫ぶのですが、強調の副詞として「とても」は、とても便利で(笑)、大勢の人がどんどん使っていくうちに、もうそれは正しいことになってしまいました。このように、常に言葉は乱れています。

1と異なる例を示している。　1×

「…正しいことになってしまいました。」としているが、使わなくてもいいとは述べていない。　2×

それまで述べてきたことをまとめている。　4○

問題11（中文）

(1)

60 正答2　　他の選択肢 1・3 → 本文に記述がない。

61 正答4　　他の選択肢 1・2・3 → 本文に記述がない。

62 正答3　　他の選択肢 1 → 練習するとは書いていない。
　　　　　　　　　　　　　2 → 具体例の一部。

60 「身体の活力」の説明として、「ただ身体が健康的であるというだけでなく…からだの活力」の部分がある。　　**2○**

60 「身体の活力」が向けられるもので、「身体の活力」そのものではない。　　**4×**

61 「冷えた身体」を直接説明している部分。　　**4○**

62 「教育の素地」を「教育の基」と読み取るのがポイント。　　**3○**

　生きる力は、身体の活力①を抜きにしては考えられない。しかも、ただ身体が健康であるというだけではなく、他人に積極的にかかわっていくからだの活力が、社会を生き抜き、社会を活性化させていくために求められる。もちろん、他者と隔絶した場所で優れた仕事をしたり、それなりに幸福な人生を歩むこともある。しかし、そのように孤独なかたちでの人生を子どもに望む親は、ほとんどいないであろう。子どもにつたえたい生き方としては、ほかの人たちと触れあい、楽しい場を過ごしていくという生き方が王道だと言える。

　そうした観点から子どもたちを見たときに、まず感じられるのは、身体が冷えているということだ。他人から何かアクション（レスポンス）をしない「冷えた身体」②が目立つ。ましてや、自分から恥ずかしさや不安を捨て、他者に積極的にアプローチし関係をとり結んでいくということが苦手な子どもが多い。人見知りをする・しないというだけならば、現代の子どもの方が、むしろ昔の子どもよりも人見知りをしないと言える。しかし、子どもの身体が発している熱（活力）という点から見ると、全体として冷えてきているのは明らかな傾向である。これは、子どもや若者と長年つき合う立場にある者なら、およそ誰も感じていることである。

　この「冷えた身体」を暖め、「動ける身体」へと変えていくことが、すべての教育の素地となるのではないか。声を大きく出すことでもいいし、からだを実際に動かして他者のいるところへ行くということでもいい。実際に自分のからだを動かして関係を作っていく。こうした練習が、今必要になってきている。自分自身の身体が冷え切ってしまっていても、自分でそれに気づくのは意外に難しい。からだが暖められて実際に動きはじめると、それまでの自分が冷えてレスポンスの少ない身体であったことに気づく。

ことばと表現

□ 身体：体。

□ 活力：元気に動いたり活動したりするもとになる力。

□ 人見知り：初めて会う人やよく知らない人を相手にすると、おとなしくなったり緊張したりすること。

(2)

63 正答2

他の選択肢　1・3・4 → 本文中に書かれていない。

64 正答3

他の選択肢　1 → ローリングストックは、日常的に使いながら、一定の量を残しておくもの。

65 正答1

他の選択肢　3・4 → 新鮮さやおいしさについては、特に述べていない

　日本は地震や台風などの災害が多い国だといわれています。そのため、災害が起きた時に困らないように、食べ物や飲み物などの非常食を備蓄しておくことが大切です。

　これまで、備蓄と言えば、缶詰など長期間保存できる食べ物を、手を付けずに置いておくのが普通でした。しかし、非常食を備蓄したものの、置いたままにしてしまって、消費期限が過ぎてしまうこともよくありました。そこで、最近注目されているのが「ローリングストック」という方法です。

　ローリングストックとは、日常生活で消費する食品や飲み物などを、少し多めに家に備蓄しておき、古いほうから順に使っていくという方法です。例えば、一週間分の食材をいつも家に備蓄しておいて、古いほうから食べて、減った分だけ新しく買ってきます。そうすると、常に1週間分の食べ物は家にあるため、災害に備えることができます。また、これまでの備蓄のように、うっかりして消費期限が過ぎてしまうこともありません。非常食の置き場所も、これまでの備蓄に比べると節約できます。ただし、ライターやガスコンロなど、特別な時にしか使わないものは、ローリングストックとは別に準備しておく必要があります。

　いつもの生活で使うものを少し多めに備蓄するだけなので、習慣にしておけば、無理なく続けることができます。皆さんも、取り入れてみてはどうでしょうか。

> **63** 非常食の消費期限が過ぎてしまうことがある。⇒2○

> **64** 日常生活で消費する食べ物や飲み物＝野菜ジュース。⇒3○

> **65** 習慣にすれば無理なく続けることができる。⇒1

ことばと表現

□ 災害：calamity; disaster ／灾害／ thảm họa thiên nhiên
□ 保存：そのままの状態にしておくこと。
□ 消費期限：その日までは安全に食べられると決められた日。
□ うっかりする：ぼんやりして注意が足りない様子。

(3)

66 　**正答2**　　キーワードの意味を問う問題

67 　**正答3**　　指示詞の内容を問う問題

68 　**正答4**　　指示詞の内容を問う問題

　これまであえて「常識」という言葉を使ってきました。その時代、その地域に生きているほとんどの人の頭にこびりついている考えのことです。

　問題は、ガリレオをあざ笑った教授たちにしても、プトレマイオスにしても、あるいはコペルニクスでさえも、後の時代からみるとまちがった常識にとらわれていた、ということです。

　それは、現代に生きるわれわれでも同じです。①

　今日、常識だと思っているものが、明日、天才科学者の出現によってまちがいであると判明するかもしれないのです。

　つまり、常識というやつは意外にもろいのです。常識はくつがえるものなのです。

　ですから、この本では、そういった常識のことも「仮説」と呼ぶことにしたいと思います。常識は仮説にすぎないのです。

　（中略）

　しかし、われわれの常識が仮説にすぎない、と自覚している人はあまりいません。いちいち、目のまえで起きる事件や現象を疑っていたのでは疲れてしまうからです。

　大部分の人は、右へならえ式に、他人から教わったことをそのまま鵜呑みにしているのです。常識は正しいに決まっている。飛行機が飛ぶしくみは科学的に一〇〇パーセントわかっているにちがいない。光速より速いものはない……。

　そんなふうに思いこんでいるのです。

　でも、この本でくりかえしでてくるように、実際は、われわれの頭の中身は仮説だらけなのです。「世界は仮説でできている」のです。

　そして、むかしもいまも、それから将来も、そういった仮説はつぎつぎと崩れて修正を受ける運命にあります。

　それが、それこそが科学なんです。②

66　1・3・4は「常識」について述べたものだが、2は「常識」とは異なる。
2○

67「それ」は直前の内容を指す。また、続く文（「今日、常識だと〜かもしれないのです。」）でも別の言い方で同じ内容を説明している。
3○

68「それ」は直前の内容を指す。「そういった仮説」＝私たちが常識だと思っていること。
4○

ことばと表現

□ **あえて**：する必要がないことをわざわざすること。

□ **判明（する）**：事実が明らかになること。

□ **自覚（する）**：自分のことについて、はっきり知ること。

□ **仮説**：hypothesis ／假設／ giả thuyết

□ **いちいち**：一つ一つすべて。

問題12（統合理解）

[69] 正答3　〈AB の主張の異なる点〉を問う問題

他の選択肢
1 → Bはサービスの低下につながると言っているので×。
2 → Bはトレーナーの指導を期待している人も少なくないと考えているので×。
4 → 運動の効果が期待できないとは書かれていない。

[70] 正答4　〈AB の主張の共通点と異なる点〉を問う問題

他の選択肢
1 → Aは価格について書かれていない。
2 → Bは器具について書かれていない。
3 → 比較的手ごろな料金＝他と比べて高くないが、安いとまでは言えない。

A

　　ここ数年、都市部を中心に24時間営業のスポーツジムが増えている。自宅には置けない大きな運動器具がいつでも自分の好きな時間に利用できるため、働き方が多様化している今日、多くの人に歓迎されているようだ。
　　24時間営業のスポーツジムでは、セルフサービス制を導入しているところが多い。基本的には、施設にある器具や設備を自分の好きなように利用して運動して帰るというものだ。予約も要らないので、気軽に運動したい人や一人で集中してやりたい人には向いているといえる。時間がなくて運動できないという人も、これなら気軽に取り組めるだろう。

Aは時間がない人も気軽にできると言っており、Bはサービスの低下（期待に応えられない）と言っている。

B

　　最近、24時間営業のセルフサービス制のスポーツジムが増えているそうだ。24時間営業ならいつでも利用できるし、トレーナーの人件費がかからないため、比較的手ごろな料金で利用できる、とのことだ。しかし、スポーツジムの利用を考えている人の中には、トレーナーの指導を期待している人も少なくないのではないだろうか。
　　ジョギングやストレッチなど、スポーツジムに行かなくてもできる運動はある。だが、それでは運動習慣が身につかないという人が、わざわざお金を払ってスポーツジムに通うのだ。そこには、トレーナーの指導や励ましを受ければ運動が続けられるという期待もあるのではないか。セルフサービス制は、利用者に対するサービスの低下につながるといえるだろう。

トレーナーの指導を期待している人も少なくないと考えている。

ことばと表現

□ **多様化**：様々なタイプが増えていること。
□ **安価**：値段や料金が安いこと。

問題13（主張理解）

[71] 正答2
[72] 正答4
[73] 正答3

　人生には、それぞれの時期にそれぞれ解決すべき課題がある。

　幼少年期には、幼少年期に解決すべき課題がある。小さい頃には仲間と群れて遊び、社会性を身につけなければならない。社会性を身につければ、孤独が避けられる。そして、自分は自分、他者は他者と感じられるようになり、自我の境界線の確立もできる。

　地方の旅館に泊まった東京の有名小学校に通うお子さんがすごくお行儀が悪かった。たまりかねた旅館のお嬢さんが、「あなたたちだめよ。お行儀よくしなくっちゃ」と注意した。ところが子どもは、「何言ってんだよ。僕はね、東京で一番いい小学校に行ってるんだよ。」
こういう子は、やがて挫折する。

　それは勉強ができても、コミュニケーション能力がないからである。コミュニケーション能力がないから、このような恐ろしいことを言う。これが先に書いた、「社会性を身につける」ことのできなかった子どもたちである。
幼少年期の課題は、コミュニケーション能力を身につけることである。コミュニケーションは、エネルギーの源である。

　私が大学で学生担当教務主任という役職をしていた時に、ある学生が盗みをして捕まった。その時に彼の言った言葉は、「僕、成績がいいんです」であった。何かおかしくないだろうか。

　少年期にすることをしていれば、青年になって無気力になることはない。少年時代にすることをしていないから、青年になって生きるのが辛くなってしまう。大学生の無気力を表現しているスチューデント・アパシーなども、少年時代にすることをしなかったツケである。おそらく「自分から」勉強をしなければならないということができないのだろう。だから大学が辛いのであろう。それまでは勉強をさせられていた。あるいは、親のために勉強をしてあげていた。

　予備校では一番でも、大学生になって鍋物を一緒につつく友達がいなければ、しようがない。大学で一番でも、社会の中で生きる逞しさとエネルギーがなければ挫折する。五歳児の大人は、そのことが理解できなかったのである。

　女の子がリボンをつける。するとリボンがないと蔑まれると思う。五歳児の大人は、そんな勘違いと同じ勘違いをしながら生きてきた。そして大人になってしまったのである。

---

71 幼少年期にすべき課題について述べられている。「群れる」は「集まる」に言い換えられる。　2○

73 筆者は、全体を通して社会性の大切さについて主張している。「自分は自分、他者は他者と感じられる」が選択肢の「自分らしさ」につながる。

72 「そのことが理解できなかったのである。」の「そのこと」にあたる前半部分が答え。　4○

問題14（情報検索）
もんだい　　　　じょうほうけんさく

74 正答1
せいとう

75 正答3
せいとう

スイミングスクール　夏休み短期水泳教室

選べる3回コース　5500円

コース	期間	時間	対象
1A	7/1 ～ 7/31	14：50 ～ 16：00	幼児
1B		15：50 ～ 17：00	小学生

日にち指定3回コース　5000円

コース	期間	時間	対象
2A	7/22・7/23　7/24	14：50 ～ 16：00	幼児
2B		15：50 ～ 17：00	小学生
3A	8/19・8/20　8/21	14：50 ～ 16：00	幼児
3B		15：50 ～ 17：00	小学生

朝短期コース　5000円

コース	期間	時間	対象
1M	7/29・7/30　7/31	9：00 ～ 10：00	幼児
2M		10：40 ～ 11：40	小学生

申込方法

- お申し込みの受け付けは、月曜日から土曜日までは午前10時から午後9時まで、日曜日は午前10時から午後4時までとなります。最初の練習の日の前日までにお申し込みください。※ 8/13 ～ 8/15 は教室が休みのため、受け付けはできません。

- フロントに備え付けの申込用紙にご記入の上、授業料を添えてお申し込みください。

〈お申し込みを取り消す場合〉

教室が始まる1週間前までにキャンセルの手続きをいただければ、授業料は全てお返しします。それ以降のキャンセルの場合、授業料はお返しできませんので、ご注意ください。

---

74 月曜日、水曜日、金曜日は「選べる3回コース」しかない。　　1○

75 最初の練習の日の前日は7月28日。　　3○

75 1週間前までにキャンセルすればすべて返してもらえる。一週間前は7月22日。
1× 2×

ことばと表現

☐ 備え付け：いつも施設に用意されていること。
そな　つ　　　　　　　　　しせつ　ようい

☐ 添える：それといっしょにする。
そ

問題1

例　正答3
※第1回と同じ（→ p.30 参照）　

1番　正答4
話者がこれからすることを問う問題　

> 大学で女の学生と職員が話しています。女の学生はこれから何をしますか。
>
> F：すみません。家庭教師のアルバイトを探しているんですが…。そこの掲示板を見ても見つからなくて……。
>
> M：家庭教師ですか。今、募集は出てないですね。毎年3月、4月ごろには募集がたくさん出るんですが……。
>
> F：そうですか。
>
> M：レストランやスーパーのアルバイトなら、すぐにでも申し込めるんですけどね。
>
> F：ありがとうございます。あまり多くの時間はできないので、時給のいい家庭教師がちょうどいいと思ったんです。でも、4月まで待つのは難しいです。
>
> M：じゃあ、しばらく短期のアルバイトをするというのはいかがですか。家庭教師のアルバイトの募集が出てくるのを待ちながら、時間を有効に使えると思いますけど。
>
> F：そうですね。そうしたいと思います。
>
> M：短期なら、大学の近くのスーパーで募集が出てましたよ。それならどうですか。
>
> F：そうですか。じゃ、募集情報を見てみます。
>
> M：ええ。
>
>
> 女の学生はこれから何をしますか。
>
> 1　長期の家庭教師のアルバイトに申し込む
> 2　長期のスーパーのアルバイトに申し込む
> 3　短期の家庭教師のアルバイトの内容を確認する
> 4　短期のスーパーのアルバイトの内容を確認する

スーパーで短期のアルバイトがある＋確認する（←見てみます）　4○

ことばと表現

□ **職員**：組織の一人として働く人。主に役所や学校など公的なところで働く人について言う。

□ **掲示板**：bulletin board ／通知专栏／ bảng thông báo

□ **時給**：1時間いくらと決められた給料。主にアルバイトについて言う。

2番　正答2
話者がこれからすることを問う問題　

会社で課長と女の人が話しています。女の人はこのあと何をしますか。

F：さくらコーポレーションの田中さんから連絡がありました。天候が悪くて、飛行機がまだ東京を出発できていないそうです。

M：そうか……。会議は午後4時からだから……。午前中に出発できなければ間に合わないな。

F：そうですね。

M：もしかしたら、田中さんにはオンラインで会議に参加してもらうことになるかもしれないな。念のため、会場に連絡して、オンライン会議のセッティングを頼んどいてくれない？

F：はい、わかりました。

M：私は田中さんと連絡を取る。

F：ほかの出席者にも伝えておいたほうがよろしいでしょうか。

M：いや、まだ間に合わないと決まったわけじゃないし、もう少し様子を見てからにしよう。

F：わかりました。

女の人はこのあと何をしますか。

1　田中さんと連絡を取り合う
2　会場に連絡する
3　空港に田中さんを迎えに行く
4　他の出席者に連絡する

> 「念のため、会場に連絡して」⇒「あとで困らないよう、準備としてまず、会場に連絡する」と読み取る　2○

ことばと表現

□ **天候**：ある時、ある短い期間の天気の状態。
□ **念のため**：大丈夫だと思っているが、より確かにするために。

3番　正答4

話者がこれからすることを問う問題　　　3rd 06

70代になる父親とその娘が話しています。父親はこのあと何をしますか。

M：やっぱり行くのやめるよ。

F：えっ、どうして？

M：70歳を過ぎてスマホなんて、やっぱり無理だよ。今使ってる携帯電話を修理すればいいんだから。これで十分なんだよ

F：でも、その携帯電話、古すぎるんだよね。もう修理のサービスも終わってるんじゃないかな。うん、たぶん、そうだと思う。

M：そうか…。

F：私と同じスマホにしてって言ってるわけじゃないの。お父さんでも使えるような、簡単なスマホがあるから、そういうのを使ってくれればいいんだから。

M：そうは言ってもなあ…。

F：スマホがあれば、画面を見ながら電話もできるし、健康チェックもできるし、いいことばかりだよ。

M：うーん、そうだなあ…。まあ、父さんでも使えるようなのがあるんならなあ…。

F：もし、わからないことがあったら、私が教えてあげるから。

M：しょうがないなあ。わかったよ。

父親はこのあと何をしますか。

1　携帯電話を買うのをやめる
2　今使っている携帯電話を修理に出す
3　娘と同じスマホを買いに行く
4　使い方が簡単なスマホを買いに行く

> 簡単なスマホを使えばいい。　4○

ことばと表現

□ 画面：screen ／画面／ màn hình

4番　正答4
ばん　せいとう

話者がこれからすることを問う問題
わしゃ　　　　　　　　　　　　　　　　　と　もんだい

^{3rd}07

　　図書館で男の人と女の人が話しています。男の人はこのあと何をします か。

M：すみません、ネットから本の貸し出しの予約をしたいんですが、イ ンターネットサービスのパスワードを忘れてしまって……。

F：インターネットサービスは、利用されたことがあるんですね。

M：はい。でも、しばらく使わなかったから、パスワード、忘れちゃっ て……。

F：インターネットサービスを始める際、最初のパスワードはご利用に なる方の生年月日になっていますが、それは試されましたか。

M：一度パスワードの変更手続きをして、別のパスワードを使ってたん です。それを忘れちゃって……。

F：わかりました。パスワードをお忘れになった場合、こちらの窓口で 新しいパスワードを作っていただくことになっています。

M：ああ……。忘れたパスワードを教えてもらうわけじゃないんです ね。わかりました。

F：では、新しいパスワードをお作りします。図書館の利用者カードは お持ちですか。

> 今からパスワード を作る。　**4○**
> いま　　　　　　つく

M：はい。これです。

F：お預かりします。・・・運転免許証か保険証など、身分証明書はお 持ちですか。

M：はい。

　　男の人はこのあと何をしますか。

1　パスワードに生年月日を入れて試す
2　図書館の利用者カードを作る
3　忘れたパスワードを教えてもらう
4　新しいパスワードを作る

ことばと表現

□ 貸し出し：資料や道具などを、一定の時間または期間、借りるサービス。
　か　だ　　しりょう　どうぐ　　　いってい　じかん　　きかん　か

□ 試す：test ／试／ thử
　ため

□ 変更（する）：一度決まっていたものを変えること。
　へんこう　　　いちど き　　　　　　　　か

□ 免許証：license ／驾照／ giấy phép, bằng
　めんきょしょう

□ 保険証：proof of insurance ／保险证／ thẻ bảo hiểm y tế
　ほ けんしょう

5番　正答3
話者がすることを問う問題

> 大学で、先生が講義について話しています。学生は授業を休んだとき、どのように課題を確認しますか。
>
> F：ええと、この授業を休むときは、必ず前日までに連絡してください。
> M：メールでもいいですか。
> F：かまいません。それから、授業を休んだ場合ですが、大学のホームページに私の研究室のページがあるので、そこを見て、課題を確認してください。友達に聞くんじゃなくて、自分で直接確認して、やっておいてください。課題の提出がある場合も、提出の場所や締切などをそこで示しますので、注意してください。基本的には授業の中で言いますが、そこでもう一度確認するようにしてください。あと、何か質問などがあれば、そのページから問い合わせができるようにしているので、メッセージを入れてください。メールで答えるか、研究室に来てもらって答えるようにします。
>
> 学生は授業を休んだとき、どのように課題を確認しますか。
>
> 1　先生にメールで問い合わせる
> 2　大学の事務所に聞く
> 3　ホームページの先生の専用ページを見る
> 4　先生の研究室を訪ねて聞く

『そこ』はホームページの先生の専用ページを表す。
3○

ことばと表現

□ 提出（する）：submit ／提出／ nộp
□ 締切：deadline ／截止期限／ thời hạn

問題2

例　正答3

※第1回と同じ（→ p36 参照）

(3rd) 10

1番　正答1

話し合いの結果を問う問題

(3rd) 11

> 家で夫婦が話しています。夫婦はどうすることにしましたか。
>
> M：今のテーブル、足がぐらぐらし始めたから、そろそろ買い替えたいな。あまりおしゃれじゃないし。
>
> F：そうね。
>
> M：駅前の家具屋さんにすごくいいテーブルがあったんだよ。丈夫そうだったし、デザインもよくて。
>
> F：駅前の家具屋って、あの輸入家具のお店？　そんなの、私たちに買えるわけないじゃない。
>
> M：確かにちょっと高かった。
>
> F：郊外の大きいお店なら、モノが良くて、値段もそれほど高くないのがあるかもしれないね。
>
> M：うん。あと、値段を重視するなら、ネットで買うのもいいかもね。きっと安くていいのがあるよ。
>
> F：うーん…。でも、やっぱり実際に見てみないと不安かな。イメージと違うのが届いたらショックじゃない。しかも、自分たちで組み立てないといけないし。
>
> M：まあね。あ、でも、組み立てぐらいはできるよ。郊外の店だって、組み立てサービスを頼んだら、プラス1万円はかかるけど、それもちょっともったいないな。
>
> F：それなら、実際に見て選んで、頑張って組み立ててもらおうかな。
>
> M：わかった。じゃ、そうしよう。
>
> 夫婦はどうすることにしましたか。
>
> 1　郊外の店でテーブルを買って組み立てる
> 2　インターネットでテーブルを買って組み立てる
> 3　駅前の店でテーブルを買って組み立てサービスを頼む
> 4　一番安い方法でテーブルを買って組み立てサービスを頼む

郊外の店がいい。

組み立てサービスは利用しない。

実際に見るので2は×。　10

ことばと表現

□ **ぐらぐらする**：be rickety ／揺揺晃晃／ lung lay, lúc lắc

□ **組み立てる**：construct ／組装／ lắp

2番　正答3

話者が一番伝えたいことを問う問題　　　3rd 12

家で母親と息子が話しています。母親は特に何を注意していますか。

M：じゃ、行ってきます。

F：えっ？　もう行くの？　コーヒーしか飲んでないじゃない。朝ご飯は？

M：いいよ、今日は。コーヒー飲んで、目は覚めたし。

F：だめよ。ちゃんとご飯食べてから行きなさい。目は覚めたかもしれないけど、頭が働かないでしょ！　ぼーっとして、授業も頭に入らないんだから。

M：でも、そんなにゆっくりしてる時間がないんだよ。それに、そんな、お腹空いてないし。

F：少しでもいいから！　それくらいの時間はあるでしょ！　ふらふらして事故にでもあったら、どうすんの！

M：はいはい、わかったよ。

F：もうちょっと早く起きればいいのに。10分早く起きたら、慌てなくていいでしょ。

M：寝るのが遅かったから。

F：それがだめなのよ。早く寝るようにしないと。

M：わかってるって。

母親は特に何を注意していますか。

1　朝、起きるのが遅いこと
2　夜、寝るのが遅いこと
3　朝ご飯を食べないこと
4　授業に集中できないこと

（吹き出し）朝ご飯を食べさせたい。　3○

ことばと表現

□ **頭が働かない**：眠かったり、体調が悪かったりして、普通に考えたり覚えたりできないこと。

□ **頭に入らない**：理解できない。

□ **ふらふらする**：be shaky ／踉踉跄跄／ lòng bông

3番　正答3
話者が一番伝えたいことを問う問題　　　　　　　　　　　③rd 13

就職相談室で先生と学生が話しています。先生は面接試験の時、何が最も大切だと言っていますか。

M：先生、明日、面接なんですが、不安でちょっと落ち着かないんです。

F：大丈夫よ、そんなに心配しなくて。服装はどう？　大丈夫？

M：はい。スーツもくつも準備してあります。

F：第一印象は大事だからね。鏡の前でチェックして出かけてね。会場までの道順はどう？確認してある？

M：はい。説明会と同じ会場なので、大丈夫だと思います。ただ、電車が遅れて遅刻しないかとか、どこかで道を間違えないかとか、考えるといろいろ心配になります。

F：あなたはちょっと心配しすぎ。じゃ、ちょっと早めに行きましょう。そうね…面接時間の30分くらい前かな。で、近くでコーヒーでも飲んで落ち着いて、それから行くといいんじゃない？

M：わかりました。そうします。

F：まあ、でも、これまであんなに練習してきたじゃない。努力はうそをつかないって言うから、大丈夫だよ。とにかく、自信を持つこと。そうしたら、いつものあなたの良さが出るから。

M：ありがとうございます。じゃ、最後にもう一度練習させていただけないでしょうか。

F：いいですよ、もちろん。

先生は面接試験の時、何が最も大切だと言っていますか。

1　服装に気をつけること
2　会場への行き方を確認すること
3　自分に自信を持つこと
4　たくさん練習をすること

> 「とにかく～だ」は、大事なことや優先することを示したり、再確認したりする表現。　30

ことばと表現

□ 道順：どの道をどう行くか、目的地までの行き方。

4番　正答3

話者が一番伝えたいことを問う問題　　3rd 14

　　男の人と女の人が話しています。女の人は、夫の両親と一緒に暮らして、何がよかったと言っていますか。

M：小さい子供を育てながら、毎日朝から晩まで仕事して、大変じゃない？

F：まあね。でも、夫の両親がそばにいるから、いろいろ面倒を見てくれてる。仕事で帰りが遅くなるときなんか、子供の世話だけじゃなく、晩ご飯も作ってくれるし。あと、買い物とか洗濯とかも。

M：そっかあ。でも、いろいろ気を遣って大変でしょ？

F：確かに、生活スタイルや考え方も違うから、気を遣うことはあるけど……。

M：やっぱりそうなんだ。

F：でも、私は今の状態、気に入ってるよ。仕事ができるのはもちろんだけど、子供にとって、いろいろな年代の人と接することって、大切でしょ。伝統とか行儀作法とか、私たちでは教えられないことって、たくさんあるのよ。実際、子供たちは、おじいちゃん、おばあちゃんにいろいろ聞いて、教えてもらってる。楽しそうにね。一緒に住んでて一番いいなと思うのはそれかな。

伝統や行儀作法は文化や社会生活を表す。　　3○

　　女の人は、夫の両親と一緒に暮らして、何がよかったと言っていますか。

　　1　家事を助けてもらえること
　　2　今の仕事を続けられること
　　3　子供が社会や文化を学べること
　　4　子供の勉強を見てもらえること

ことばと表現

□ **気を遣う**：相手の立場や気持ちなどに注意を向ける。

□ **年代**：era; date ／年代／ niên đại, tuổi ~

□ **行儀**：manners; behavior ／规矩 / 礼节／ hành xử

□ **作法**：ある場面での行動や動作のしかた。

5番　正答3

話者が一番伝えたいことを問う問題　3rd 15

ラジオで女の人が話しています。

F：私は7歳の時、親の仕事の関係でアメリカから日本に来ました。文化や習慣に慣れるのは大変でしたが、一番苦労したのは、やっぱり言葉です。話したり聞いたりするのは、2年くらいでだいたいできるようになったんですが、読んだり書いたりするのはずっと苦労していました。よく「日本語上手だね」などと言われたのですが、全然うれしくなかったです。ある程度会話ができるので上手に思われるようですが、読み書きは全然だめでしたから。そんな時、ボランティアの佐藤さんに出会いました。佐藤さんは学校の教科書を一緒に読みながら、意味を一つ一つ説明してくれました。そのおかげで、授業がよく分かるようになりました。今でも感謝しています。

女の人は何が一番大変だったと言っていますか。

1　日本の習慣に慣れること
2　日本人と会話すること
3　日本語の文章を読むこと
4　日本語の授業を聞き取ること

「一番苦労したのは言葉（日本語）で、読み書きはずっと苦労した」と、強調して述べている。
3○

6番　正答2

話者のある行動の理由を問う問題

3rd
16

> 家で夫と妻が話しています。妻はどうしてこの体操をしていますか。
>
> M：ねえ、何してるの？
> F：これは猫のポーズ。ヨガ体操だよ。
> M：ふーん。どういう効果があるの？
> F：うん。ネットで見たんだけど。このポーズをやると首から肩のあた
> 　　りの筋肉が伸びて、肩こりが少し楽になるんだって。わたし、前か
> 　　ら肩こりで悩んでたでしょ。
> M：へえ、肩こりならマッサージのほうがいいんじゃないの？
> F：そう思うでしょ？　でも、このヨガ体操をすると筋肉だけじゃなく
> 　　て脳もリラックスするんだって。一人でできるし、お金もかからな
> 　　いしね。ほかのいろいろな体操もすると、体全体の調子もよくなる
> 　　と思うし、やせるのにもいいかもしれない。
> M：なるほどね。あ、じゃまして悪かったね
> F：この体操、腰が痛いのにも効果があるらしいよ。
> M：へえ、じゃ僕もやってみようかな。
>
> 　　妻はどうしてこの体操をしていますか。
>
> 　　1　リラックスするため
> 　　2　肩こりを楽にするため
> 　　3　マッサージより経済的だから
> 　　4　腰が痛いのを治すため

肩こりを楽にする
のが目的と読み取
る。　　　**2〇**

ことばと表現

□ **筋肉**：muscle ／肌肉／ cơ chức, chức năng
□ **やせる**：lose weight ／瘦／ gầy

問題3

例　正答2

※第1回と同じ（→ p.44 参照）

1番　正答2

話のテーマをとらえる問題

ラジオで女の人が話しています。

　年賀状は、新しい年を祝う挨拶状です。みなさんは、年賀状を書いていますか。年賀状の発行枚数は、2003 年が最も多く、2008 年までは減ったり増えたりを繰り返していましたが、2008 年からは減り続けています。年賀状を書く人が減っている原因としてよく言われているのは、SNS の普及です。SNS やメールを使えば、年賀状を送らなくても済むため、年賀状の利用が減っていると考えられます。年賀状を書いて送るのは手間のかかる作業なので、忙しい現代の人にはそのほうが都合がいいのでしょう。心をこめて書かれた年賀状をもらうとうれしいものです。時代とともに変化するのは世の常ですが、ちょっと寂しい気がします。

　女の人は何について話していますか。

　　1　年賀状の始まりと歴史
　　2　年賀状を書く人が減った理由
　　3　年賀状を書くことの大切さ
　　4　SNSの利用が広がった理由

この部分に続いて、年賀状を書く人が減った理由と、それについて感じることを述べている。**2○**

ことばと表現

□ **普及(する)**：spread ／普及／ phổ cập
□ **世の常**：世間でよくあること。

2番　正答2

話のテーマをとらえる問題

（3rd） 21

ラジオで男の人が話しています。

A社は昨年、東京から広島に本社を移しました。地震などが起きた時のことを考慮すると、東京に会社のすべてを集中させるのはよくないと考えたからです。オンライン会議をはじめ、場所を問わずに働ける環境が整ったことで、不安もなくなりました。新しいオフィスは東京の約半分の費用で借りられるようになったといいます。すでに200人以上の社員が広島に移っています。社員の一人は、長時間の電車通勤から解放され、自然に恵まれた環境で子育てもできてうれしいと話しています。

男の人は何について話していますか。

1　インターネット環境がよくなった理由
2　会社の場所を移した理由
3　東京の家賃が地方より高い理由
4　地方に移る会社が増えた理由

> 本社を移した理由について説明している。

ことばと表現

□ **本社**：head office; headquarters ／総公司／ trụ sở chính
□ **考慮（する）**：ある判断をするために、そのことをよく考えること。
□ **オンライン**：インターネットを使った方法によること。
□ **解放（する）**：release; free ／解放／ giải phóng

3番　正答4

話のテーマをとらえる問題

3rd 22

ラジオで男の人が話しています。

　昨年の1月、福井県や石川県で6時間に30センチ以上の雪が降りました。北陸を中心に短時間で大量の雪が積もったことにより、北陸自動車道などでおよそ1600台の車が動けなくなってしまいました。雪が積もったときに車を運転すると、タイヤがすべって事故が起きたり、車が動かなくなったりする恐れがあります。車が一台でも止まってしまうと、それが原因で、ほかの車も動けなくなってしまいます。天気予報をよく確認して、雪が降りそうなときは、できるだけ車で外出しないようにしましょう。どうしても乗らなければならないときには、必ず冬用のタイヤをつけましょう。

　男の人は何について話していますか。

1　北陸地方の天気の特徴
2　雪が大量に降ったときの影響
3　冬用のタイヤの使い方
4　雪の日に車を運転する危険性

> 雪の日の運転の危険性について述べている。　4〇

ことばと表現

□ **大量**：量が多いこと。
□ **自動車道**：主に車の交通を目的につくられた道路。

4番　正答2
話のテーマをとらえる問題 

テレビで、海外で活躍している日本のサッカー選手が話しています。

　海外で長くプレーをするためには、体をしっかり管理することが重要だと思っています。2年前には、体と心を管理する方法について僕が学んだことを一冊の本にまとめました。僕が行っているトレーニングの中から、皆さんにもできる簡単なエクササイズも紹介しました。プロのスポーツ選手として活動を続けるには、何より体をつくることが大切なんです。トレーニングで体を鍛えることはそのために欠かせないのです。そして、それと同じくらいに大切なのが食事です。それで、コックさんも雇いました。いろいろな料理を作ってくれるんですが、中でも私のお気に入りは、ブロッコリーの芯を使った料理です。とてもおいしくて、栄養もすごくあるんです。普段捨ててしまいがちなところが、実は一番栄養が豊富、ということはよくあるそうです。そのコックさんが毎日僕のために作ってくれたおいしい料理についての本がこれです。どれも簡単に作れて、栄養のバランスがとてもいい料理です。レシピと作り方を、たくさんの写真やイラストとともにわかりやすく紹介しています。

　このサッカー選手が一番伝えたいものはなんですか。

　1　健康の大切さ
　2　料理の本
　3　トレーニングの方法
　4　野菜の栄養

料理が大切だと言っている。

料理の本を紹介している。　　2○

ことばと表現

□鍛える：forge; train ／鍛錬／ rèn rũa, rèn luyện
□雇う：お金を払って人を使う。
□芯：中心の硬い部分。
□レシピ：料理の作り方。

5番　正答3
話者のある行動の理由を問う問題

インタビューで女の人が話しています。

リーダーといえば、リーダーシップがあり、部下を引っ張っていく人を思い浮かべるのではないでしょうか。私も以前はそう思っていました。ですから、社長から「商品開発のリーダーをやってみないか」と言われた時、正直驚きました。私はリーダーに向いていないと思ったからです。ですが、社長に「これからは、部下の話をきちんと聞いてあげ、話し合いながら進めていきたいと思っている。その役割を期待したいんだ」と言われました。それで、私には強いリーダーシップはないけれど、やってみようと思いました。

女の人は何について話していますか。

 1　リーダーのイメージが変わった理由
 2　リーダーが向いていない理由
 3　リーダーを引き受けた理由
 4　リーダーシップが必要な理由

リーダーを引き受けた理由を述べている。　**3○**

第1回　第2回　第3回　言語知識　読解　聴解

問題4
もんだい

例　正答2
れい　せいとう

※第1回と同じ（→ p48 参照）

1番　正答1
ばん　せいとう

F：あのう、もしかしてどこかでお目にかかった
　　　　　　　　　　　　　　め
　　ことがありませんか。

M：1 ええと、もしかして山田たかしさんの
　　　　　　　　　　　やまだ
　　　妹 さんですか。
　　　いもうと
　　2 え、どこへも行っていないんですが。
　　　　　　　　い
　　3 ここまで2時間半ほどかかりました。
　　　　　　　じ かんはん

ことばと表現

□ **お目にかかる**：「会う」の敬語。
　　め　　　　　　あ　　けいご

2番　正答3
ばん　せいとう

M：こんな大切なもの、お借りするわけにはい
　　　　　たいせつ　　　　か
　　きません。

F：1 それは大変失礼いたしました。
　　　　　たいへんしつれい
　　2 では、お返しにならなくてもいいですよ。
　　　　　　かえ
　　3 急ぎませんので、使い終わったらお返し
　　　いそ　　　　　　つか お　　　　かえ
　　　ください。

3番　正答1
ばん　せいとう

F：部長、会議室を2時から押さえておきまし
　　ぶちょう かいぎしつ じ　　お
　　た。

M：1 ありがとう。助かるよ。
　　　　　　　　たす
　　2 それは知らなかったよ。
　　　　　　し
　　3 え、もう片付いたの？
　　　　　　かた づ

ことばと表現

□ **〜を押さえる**：〜を予約する。
　　　　お　　　　　　よやく

4番　正答1
ばん　せいとう

F：レポートの提出、あと1日待ってもらうわ
　　　　　　ていしゅつ　　　にちま
　　けにはいきませんか。

M：1 ええ、かまいませんよ。
　　2 え、かわりましたか。
　　3 どちらでも結構ですよ。
　　　　　　　けっこう

5番　正答3
ばん　せいとう

M：これは今やるべきことではないんじゃない
　　　　いま
　　ですか。

F：1 じゃ、やっておきます。
　　2 じゃ、そうしましょう。
　　3 確かにそうですね。
　　　たし

6番　正答2
ばん　せいとう

M：課長、部長は明日しか空いてないっておっ
　　かちょう ぶちょう あした　　あ
　　しゃってます。

F：1 え、明日できないってことですか。
　　　　あした
　　2 では、明日にしましょうか。
　　　　　あした
　　3 そうか……明日はだめか。
　　　　　　　あした

7番　正答3
ばん　せいとう

M：できればそうしたいんですが、時間がなく
　　　　　　　　　　　　　　じかん
　　てやりようがないんです。

F：1 じゃ、できそうですね。
　　2 じゃ、やったほうがいいですね。
　　3 じゃ、仕方がありませんね。
　　　　　しかた

8番　正答2

F：すみません、うっかりしていました。

M：1　え、もう終わったんですか。
　　2　これから気をつけてくださいね。
　　3　いいですよ、手伝います。

ことばと表現

□ うっかり：つい忘れてしまう、ミスをする。

9番　正答1

F：このエアコン、この価格でこの機能なら、申し分ないね。

M：1　そうだね。これに決めようか。
　　2　うん、機能がもうちょっと良ければいいのに。
　　3　それじゃ、やめとこうか。

10番　正答3

M：来週と言わず、早くできるにこしたことはありません。

F：1　わかりました。来週やります。
　　2　できそうにないということですか。
　　3　では、早めにやっておきます。

11番　正答2

M：ねえ、どうしたの？　山本さんらしくないね。元気ないじゃない。

F：1　山本さんはお休みだそうです。
　　2　すみません、ちょっと寝不足で。
　　3　ええ。いつもどおり元気そうでした。

12番　正答3

F：リンさん、昨日の宿題、間違いだらけでしたよ。

M：1　それは困りましたね。
　　2　え、全部間違ってましたか。
　　3　え、そんなに多かったんですか。

問題5

1番　正答1

話し合いの結果を問う問題　[3rd] 40

家で夫婦が話しています。

F：3月で仕事やめたら時間ができるから、国際交流のボランティアを始めようかな。

M：いいんじゃない。外国語の勉強、好きだし。合ってるよ。

F：うん。そういうのって、市で募集してるよね。

M：うん、ちょっと待ってね。今、見てる。……あ、出てきた。通訳、翻訳、観光ガイド……。ホームステイとか日本文化紹介とかも。いろいろあるね。

F：ほんとだ。どれもおもしろそう。

M：やっぱり通訳がいいんじゃない？　英語、得意だし。

F：レベルが違うよ。相当力がないと無理だと思う。それは次の目標にするよ、英語の勉強は続けるから。でも、市内を観光案内するだけなら、私でもなんとかできるんじゃないかなあ。

> 観光案内ならできると思っている。

M：ああ…ここに応募条件が書いてあるよ、言語別に。どう？

F：よかった、英語は大丈夫。中国語とかフランス語はだめだけど。

M：登録して研修を受けるんだって。

F：なるほどね。歴史とか文化とか、覚えないといけないからね。

M：ねえ、日本語教室のボランティアもあるよ。前に興味あるって言ってたよね。これもやってみたら？

F：うん、やってみたい。あと、日本料理や着物なんかも教えてみたい。でも、教えるって大変だから、ちゃんと勉強してからじゃないとだめだよね。

M：まあね。

F：今できることから、はじめてみるよ。

> 今できるのは観光ガイド。　1○

女の人はどのボランティアをすることにしましたか。

1　観光ガイドのボランティア　　2　通訳のボランティア
3　日本文化紹介のボランティア　　4　日本語教室のボランティア

ことばと表現

☐ **通訳**：interpreting ／翻译（口译）／ phiên dịch　　☐ **翻訳**：translation ／翻译（笔译）／ biên dịch

☐ **研修**：training ／进修／ đào tạo

2番　正答2
話し合いの結果を問う問題

車の中で、男の人と女の人が話しています。

M：あれ、1キロ先、事故で通れないって。午後から会議なのに、まずいなあ。

F：そうですね。いつ通れるようになるかわからないし、ずっと待ってるわけにもいきませんし。

M：うん。いったん駅の方まで引き返して、別のルートで行くしかなさそうだな。

F：そうですね。それが確実かもしれません。でも、引き返すのに時間がかかってしまいますね。この道を少し行くと、右に細い道があります。そこを通ってしばらく行くと、事故の場所を通らずに、元の道に戻れるはずです。

M：確かに、それが一番早そうだな。道が細くて少し不安だけど……。

F：通れることは通れます。タクシーで何度か通ったことがありますので。

M：あ、そう。でも、同じことを考える人も多いだろうから、そっちの道も混んじゃうような気がするなあ。やっぱり時間がかかっても、一番確実な方法で行こう。

F：わかりました。

男の人と女の人はこれからどうしますか。

1　通れるようになるまで車の中で待つ
2　駅の方まで戻って別の道で行く
3　細い道を通って元の道に出る
4　引き返してタクシーに乗り換える

> 駅まで戻って別の道で行く。　2○

> 女の人の提案には賛成していない。

ことばと表現

□ **ルート**：通る道、行き方。
□ **引き返す**：元いた場所に戻る。

127

3番　質問1：正答2　質問2：正答3
話し合いの結果を問う問題　　　　　3rd 43

店で、夫婦と店員が話しています。

F：すみません。エアコンを探してるんですが。居間と子供の部屋に1つずつ置きたくて……。

M₁：エアコンですね。一番おすすめしているのは、こちらのSA-クリーンXです。すぐに部屋が涼しくなりますし、湿度を調整する機能も付いています。お値段は一番高いですが、電気代が節約できるタイプなので、長く使うことを考えると一番経済的です。また、こちらのSA-クリーン7はSA-クリーンXと機能はほぼ同じですが、去年のモデルですので、今、店に置いているものしかありません。その分、お値段は少し安くなっています。スタンダードなタイプは、SA-クリーンホワイトとPG-ホワイトです。基本的な機能はそろっていて、お値段はSA-クリーンXやSA-クリーン7に比べると安くなっています。それから、SAクリーンのシリーズにはお掃除機能がついています。面倒なフィルターのお掃除を自動でしてくれる機能です。PG-ホワイトはその機能がついていない分、さらに安くなっています。

M₂：うーん、やっぱり居間は一番長くいるところだから、いいものにしたいね。

F：そうだね。これは湿度が調節できるのが、すごくいい。値段がちょっと高いけど。

M₂：まあね。でも、いいと思うよ。電気代が節約できるんだったら。

F：そう？　性能はほぼ変わらないんだったら、一番新しいタイプじゃなくても十分じゃない？

> 一番新しいタイプではなくてもいいと言っている。去年のモデルにする。　2○

M₂：じゃ、そうしよう。子供部屋はそんなに長くいるわけじゃないし、基本的な機能が付いていればいいよね。一番安いのにする？

F：でも、お掃除機能はほしいな。エアコンの掃除って、手間がかかって大変だから。

> 子供部屋は安くて掃除機能があるものにする。　3○

M₂：確かにね。じゃ、これだ。

質問1　居間にはどのエアコンをつけますか。
質問2　子供の部屋にはどのエアコンをつけますか。

1　SA-クリーンX	2　SA-クリーン7
3　SA-クリーンホワイト	4　PG-ホワイト

ことばと表現

□ 湿度：humidity ／湿度／độ ẩm

□ 調整（する）：adjustment; regulation ／调整／điều chỉnh

□ 節約（する）：economizing; thrift ／节约／tiết kiệm

□ 居間：living room ／客厅／phòng khách

模擬試験の採点表

配点は、この模擬試験で設定したものです。実際の試験では公表されていませんが、各科目の合計得点が示されているので（60点）、それに基づきました。「基準点＊の目安」と「合格点の目安」も、それぞれ実際のもの（19点、90点）を参考に設定しました。

＊基準点：得点がこれに達しない場合、総合得点に関係なく、それだけで不合格になる。

★合格可能性を高めるために、90点以上の得点を目指しましょう。

★基準点に達しない科目があれば、重点的に復習しましょう。

●言語知識（文字・語彙・文法）

大問	配点	満点	第1回		第2回		第3回	
			正解数	得点	正解数	得点	正解数	得点
問題1	1点×5問	5						
問題2	1点×5問	5						
問題3	1点×5問	5						
問題4	1点×7問	7						
問題5	1点×5問	5						
問題6	2点×5問	10						
問題7	1点×12問	12						
問題8	1点×5問	5						
問題9	1点×5問	5						
合計		59						
（基準点の目安）				(19)		(19)		(19)

●**読解**
どっかい

大問 だいもん	配点 はいてん	満点 まんてん	第1回 だい　かい		第2回 だい　かい		第3回 だい　かい	
			正解数 せいかいすう	得点 とくてん	正解数 せいかいすう	得点 とくてん	正解数 せいかいすう	得点 とくてん
問題10 もんだい	2点×5問 てん　もん	10						
問題11 もんだい	2点×9問 てん　もん	18						
問題12 もんだい	4点×2問 てん　もん	8						
問題13 もんだい	4点×3問 てん　もん	12						
問題14 もんだい	4点×2問 てん　もん	8						
	合計 ごうけい	56						
	（基準点の目安） き じゅんてん　め やす			（18）		（18）		（18）

●**聴解**
ちょうかい

大問 だいもん	配点 はいてん	満点 まんてん	第1回 だい　かい		第2回 だい　かい		第3回 だい　かい	
			正解数 せいかいすう	得点 とくてん	正解数 せいかいすう	得点 とくてん	正解数 せいかいすう	得点 とくてん
問題1 もんだい	2点×5問 てん　もん	10						
問題2 もんだい	2点×6問 てん　もん	12						
問題3 もんだい	2点×5問 てん　もん	10						
問題4 もんだい	1点×12問 てん　もん	12						
問題5 もんだい	3点×4問 てん　もん	12						
	合計 ごうけい	56						
	（基準点の目安） き じゅんてん　め やす			（18）		（18）		（18）

	第1回 だい　かい	第2回 だい　かい	第3回 だい　かい
総合得点 そうごうとくてん	／171	／171	／171
（合格点の目安） ごうかくてん　め やす	（90）	（90）	（90）

合格への直前チェック
試験に出る重要語句・文型リスト

文字　訓読みに注意したい漢字

□ 覚	おぼ－える	漢字を覚える
	さ－ます	目を覚ます
	さ－める	目が覚める
□ 極	きわ－める	極めて悪い成績
□ 詰	つ－める	荷物を詰める
	つ－まる	食べ物がのどに詰まる
□ 鳴	な－く	虫が鳴く
	な－る	鈴が鳴る、雷が鳴る
□ 閉	し－める	戸を閉める
	と－じる	本を閉じる
□ 囲	かこ－む	海に囲まれる
□ 満	み－ちる	潮が満ちる
	み－たす	コップに水を満たす
□ 表	あらわ－す	気持ちを表す
	おもて	表と裏、両方に書く
□ 敗	やぶ－れる	2対1で敗れる
□ 絞	しぼ－る	タオルを絞る
□ 定	さだ－める	法律を定める
	さだ－まる	計画が定まる
	さだ－か	彼が今どこにいるかは定かではない。
□ 増	ま－す	食欲が増す
	ふ－える	人口が増える
	ふ－やす	貯蓄を増やす

□ 越	こ－す	冬を越す
	こ－える	山を越える
□ 沸	わ－く	お湯が沸く
	わ－かす	お湯を沸かす
□ 荒	あら－い	言葉が荒い
	あ－れる	荒れた天気
	あ－らす	泥棒が部屋を荒らす
□ 懲	こ－りる	失敗に懲りる
		怒られても懲りない
□ 直	ただ－ちに	直ちに外へ出る
	なお－す	間違いを直す、姿勢を直す
	なお－る	なかなか癖が直らない
□ 固	かた－める	セメントで固める
	かた－まる	ゼリーが固まる
	かた－い	固い約束、固いふた
□ 縮	ちぢ－む	洗濯して服が縮む
	ちぢ－まる	1位との差が縮まる
□ 明	あか－るい	明るい声、明るい空
	あき－らか	真実が明らかになる
	あ－ける	夜が明ける
□ 凍	こお－る	寒さで水道管が凍る
	こご－える	寒くて凍える

語彙　意味の似ている言葉

動詞

- 会う　　　　　例 ３時に駅で会う。
- お目にかかる　例 先生にお目にかかれてうれしいです。
- 出会う　　　　例 彼とはパーティーで出会いました。

- 上がる　例 エレベーターで上に上がる。
- 上る　　例 階段で８階まで上った。
　　　　　※「昇る」とも。

- 上がる　例 どうぞ遠慮なく上がってください。
- 入る　　例 どうぞ遠慮なく入ってください。
- ★家の玄関から部屋に入るとき、床が少し高くなるので、「上がる」と言う。意味は「入る」と同じ。ただし、建物の各部屋に入るときや会社などの部屋に入るときは「上がる」とは言わない。

- 諦める　　例 お金がないので、旅行は諦めた。
- 覚悟する　例 批判されるのを覚悟して意見を言った。
- 捨てる　　例 留学する夢は捨てて、働くことにした。

- 飽きる　　例 いつも同じ店で食べていたら、飽きてきた。
- 退屈する　例 出発まで退屈するので雑誌を買った。

- あきれる　例 彼の勝手なやり方には、あきれてしまう。
- 驚く　　　例 彼が会社をやめたことを知って、驚いた。

- 開ける　例 カーテンを開ける。
- 開く　　例 教科書の 35 ページを開いてください。
- ★意味はほとんど同じだが、「ひらく」はあるところを中心に開けることをいう。したがって、「カーテンを開ける」とは言うが、「カーテンをひらく」とは言わない。

- 与える　　　例 小さい子供にお金を与えるのはいいことではない。
- あげる　　　例 私のサラダ、少しあなたにあげましょう。
- 差し上げる　例 旅行のお土産を先生に差し上げた。
- 支給する　　例 来週の月曜日にボーナスが支給される。
- 分ける　　　例 家でとれたイチゴを近所に分けた。
- 譲る　　　　例 この車は弟に譲るつもりです。
- ★物がAからBに移動することを表す動詞。

- 温める　例 お風呂に入って体を温めた。
- 熱する　例 フライパンを熱して、バターを入れてください。

名詞
（めいし）

当たり前（あたりまえ）　例　お礼なんていりません。当たり前のことをしただけです。

当然（とうぜん）　例　そんなことを言ったら、怒られるのは当然です。

もっとも　例　そんなことを言われたら、怒るのも、もっともです。

あちこち　例　出張で日本のあちこちを回った。

各地（かくち）　例　お正月の全国各地の様子をテレビで見た。

転々と（てんてん）　例　親の仕事の関係で、子供の頃は各地を転々とした。

あらすじ　例　〈ドラマ〉前回までのあらすじ

要旨（ようし）　例　論文の要旨を400字にまとめる

案外（あんがい）　例　父は案外優しいところがある。

意外（いがい）　例　彼が犬を飼っているなんて、意外だ。

暗記（する）（あんき）　例　単語を暗記する

記憶（する）（きおく）　例　記憶に残るシーン／彼は記憶力がいい。

安心（する）（あんしん）　例　子供の熱が下がり、安心した。

安定（する）（あんてい）　例　物価が安定する、安定した企業、生活が安定している

呑気（な）（のんき）　例　試験前なのに、弟は呑気にテレビを見ていた。

気楽（な）（きらく）　例　そんなに悩まないで。もっと気楽に考えて。

形容詞
（けいようし）

厚かましい（あつ）　例　厚かましいお願いですが、私も連れて行ってくれませんか。

図々しい（ずうずう）　例　新人なのにカラオケで最初に歌うなんて、図々しいやつだ。

★「厚かましい」と「ずうずうしい」は意味がよく似ている。

危ない（あぶ）　例　危ない場所には近づかないように。

危うい（あや）　例　危ういところを助かった。

怪しい（あや）　例　夜になると2階から怪しい音がする。

異常（な）（いじょう）　例　パソコンにCDを入れると異常な音がする。

慌ただしい（あわ）　例　彼は時間がないと言って、慌ただしく出て行った。

騒がしい（さわ）　例　隣が騒がしいので見に行ったら、けんかをしていた。

忙しい（いそが）　例　彼は最近忙しそうで、ずっと残業している。

激しい（はげ）　例　激しい雨、激しい運動、激しい議論

急激（な）（きゅうげき）　例　急激な気温上昇、急激な変化、急激に悪化する

盛ん（な）（さか）　例　この地域は漁業が盛んだ。／この国で最も盛んなスポーツ

ものすごい　例　会場はものすごい人込みだった。／今、ものすごく売れている本

副詞
（ふくし）

□ さらに　例 まとめて買ったら、**さらに**安く
　　　　　　してくれた。

　ますます　例 高校になって、数学は**ますます**
　　　　　　難しくなった。

　一段と　例 ６月に入って、**一段と**暑くなっ
　　　　　　た。

★いずれも程度が強くなることを表す語。「さらに」
は同じような変化や特徴がもう一度プラスされ
る様子、「ますます」はある傾向や変化がどんど
ん強くなる様子、「一段と」はその傾向が前より
大きくなっている様子を表す。

□ ついに　例 工事開始から５年を経て、**つい
　　　　　　に**ビルが完成した。

　とうとう　例 20年生きた犬も、**とうとう**死ん
　　　　　　でしまった。

　やっと　例 ずっと探していた本が、**やっと**
　　　　　　見つかった。

　ようやく　例 長い入院生活を終えて、父は**よ
　　　　　　うやく**退院した。

　いよいよ　例 来週は**いよいよ**結婚式だ。

□ 恐らく　例 来年は**恐らく**景気が回復するで
　　　　　　しょう。

　多分　例 明日は**多分**出席できないと思う。

★「恐らく」も「多分」も弱い推量を表すが、「恐ら
く」は丁寧な表現。

□ 大いに　例 〈飲み会で〉今日は**大いに**飲みま
　　　　　　しょう。

　とても　例 このケーキは**とても**おいしい。

　大変　例 先生には**大変**お世話になりまし
　　　　　　た。

　十分　例 これだけ料理があれば**十分**だ。

★「大いに」は内容や量の多さ、「とても」「大変」
は程度が強いこと、「十分」は余裕のある状態を
表す。

試験に出る重要語句・文型リスト

文法　文末表現・否定表現ほか

文末表現

意志

□ **〜てみせる**

例　必ず合格して**みせる**（⇒実際に合格することを示す）。

□ **〜ぬく**

例　全力で走り**抜いた**（⇒途中であきらめたりやめたりしないで、最後まで走った）。

□ **〜まい**

例　二度と言う**まい**（⇒言わないようにしよう）。

□ **〜ようか〜まいか**

例　言おうか言う**まいか**、迷う（⇒言おうか、言わないようにするべきか）。

願望

□ **〜たいものだ**

例　また会い**たいものだ**（⇒会いたいなあ、会いたいと強く思う）。

□ **〜ないものか**

例　もう少し早くでき**ないものか**（⇒できないのだろうか）。

推量

□ **〜おそれがある**

例　水不足になる**恐れがある**（⇒水不足になるかもしれない）。

□ **〜かねない**

例　彼ならやり**かねない**（⇒やるかもしれない）。

□ **〜に相違ない**

例　事実に**相違ない**（⇒事実であることに間違いない）。

□ **〜に違いない**

例　あれは彼女に**違いない**（⇒きっと彼女だ）。

可能の表現

□ **〜得る**

例　また起こり**得る**（⇒起こる可能性がある）。

□ **〜がたい**

例　とても信じ**がたい**（⇒とても信じられない）

□ **〜かねる**

例　どれにするか、決め**かねる**（⇒迷いや問題などがあって、なかなか決められない）。

進行

□ **〜かけている**

例　病気は治り**かけている**（⇒治る途中だ）。

□ **〜つつある**

例　病気は治り**つつある**（⇒治る方向に進んでいる）。

結果
（けっか）

□ **〜ずじまい**

例 結局、言わ**ずじまい**になった（⇒言わないまま）。

□ **〜ところだった**

例 危うくけがをする**ところだった**（⇒けがをしそうな状況だった）。

否定
（ひてい）

□ **〜っこない**

例 彼にはでき**っこない**（⇒絶対できない、できるはずがない）。

□ **〜どころではない**

例 遊んでいる**どころではない**（⇒遊んでいる余裕など全然ない）。

□ **〜とは限らない**

例 負ける**とは限らない**（⇒負けると決まっていない）。

□ **〜ないことはない**

例 彼なら、やれ**ないことはない**（⇒やれるかもしれない）。

□ **〜ないとも限らない**

例 雨が降ら**ないとも限らない**（⇒降る可能性もゼロではない）。

□ **〜ものではない**

例 こんな夜中に電話をする**ものではない**（⇒電話をするのは間違っている、非常識だ、許されない）。

例 実際はそんなに簡単な**もんじゃない**（⇒決してそんなに簡単なことではない）。

判断・主張
（はんだん・しゅちょう）

□ **〜ざるをえない**

例 言わ**ざるを得ない**（⇒言うしかない）。

□ **〜ではないか[呼びかけ]**

例 一緒にやろう**ではないか**（⇒やりましょう）。

□ **〜にきまっている**

例 勝つに**決まっている**（⇒必ず勝つ）。

□ **〜にこしたことはない**

例 用心する**に越したことはない**（⇒用心するのが一番いい）。

□ **〜にすぎない**

例 個人的な意見に**過ぎない**（⇒ただの個人的な意見だ）。

□ **〜にほかならない**

例 優勝できたのは、皆が努力したから**にほかならない**（⇒まさに努力したからだ）。

□ **〜べきではない**

例 人の悪口を言う**べきではない**（⇒言ってはいけない）。

□ **〜よりほかない**

例 こうなったら、諦める**よりほかない**（⇒諦めるしかない）。

□ **〜わけにはいかない**

例 先生の誘いを断る**わけにはいかない**（⇒断ることは許されない）。

気持ち・感情（きも・かんじょう）

□ **〜てしょうがない**

例 悔しくてしょうがない（⇒すごく悔しい）。

□ **〜てたまらない**

例 眠くてたまらない（⇒すごく眠い）。

□ **〜てならない**

例 そう思えてならない（⇒強くそう思う）、不安でならない（⇒とても不安だ）

□ **〜ないではいられない／〜ずにはいられない**

例 言わないではいられない／言わずにはいられない（⇒言わないままでいることはできない）。

□ **〜ものだ**［昔を懐かしむ気持ち］

例 ここでよく遊んだものだ（⇒遊んだなあ）。

□ **〜ものだ**［心に深く感じる気持ち］

例 人の気持ちは変わりやすいものだ（⇒変わりやすいなあ）。

困難（こんなん）

□ **〜かねる**

例 彼の主張は理解しかねる（⇒理解するのが難しい、理解できない）。

□ **〜きれない**［能力・限界を超えて、できない］

例 多すぎて食べきれない（⇒全部食べられない）。

例 もう待ちきれない（⇒これ以上待てない）。

否定表現（ひていひょうげん）

□ **一切〜ない**

例 ギャンブルは**一切やりません**（⇒全然やらない）。

□ **必ずしも〜ない**

例 **必ずしも**間違いとはいえ**ない**（⇒ 100 パーセント間違いということではない）。

□ **決して〜ない**

例 この恩は**決して忘れない**（⇒必ず忘れない、絶対に忘れない）。

□ **さっぱり〜ない**

例 この説明書、難しすぎて、**さっぱりわからない**（⇒全然わからない）。

□ **ちっとも〜ない**

例 その映画は、**ちっとも面白くなかった**（⇒少しも面白くなかった）。

□ **まったく〜ない**

例 ここからは全く見えない（⇒全然見えない）。

□ **めったに〜ない**

例 彼とは**めったに**会うことができ**ない**（⇒まれにしか会うことができない）。

強調表現
（きょう ちょう ひょう げん）

□ **〜こそ**

例 彼**こそ**、チームが待ち望んでいた選手だ（⇒まさに彼が）

□ **〜さえ**

例 基本**さえ**身につければ大丈夫だ（⇒基本だけでも）。

例 そこは不便な場所で、水**さえ**なかった（⇒水までも）。

□ **〜すら**

例 だいぶ前に一度行っただけで、店の名前**すら**覚えていない（⇒店の名前であっても）。

□ **たしかに**

例 **確かに**おいしかったが、値段がちょっと高かった（⇒その通りで／言われている通り、本当においしかったが）。

□ **まさに**

例 優勝するなんて、思わなかった。これこそ、**まさに**奇跡だ（⇒本当に奇跡だ）。

例える表現
（たと える ひょう げん）

□ **いわば**

例 彼は**いわば**、この町の英雄だ（⇒彼はたとえて言えば）。

□ **いわゆる**

例 彼は**いわゆる**天才ではない（⇒一般に言われるような天才ではない）。

接続表現
（せつ ぞく ひょう げん）

□ **〜だからといって**

例 1000人に1人くらいしか合格しないけど、**だからといって**、最初からあきらめたくはない（⇒それを理由として）。

□ **〜というのも**

例 引っ越しは3月にしました。**というのも**、2月までものすごく忙しいんです（⇒なぜなら、その理由は）。

□ **もしくは**

例 キャンセルするか、**もしくは**、延期するしかない（⇒または）。

文法 しっかり押さえておきたい頻出文型98

時（とき）

□ **〜おり（に）**

例 今度東京に行った**折に**、ご挨拶に伺います
（⇒東京に行った時に）。

□ **〜か〜ないかのうちに**

例 夜が明ける**か**明けない**かのうちに**家を出た
（⇒夜が明ける前後に）。

□ **〜さい（に）**

例 受付の**際**、この券をお出しください（⇒受付
の時）。

□ **〜さいちゅう（に）**

例 デートの**最中**に、会社から電話がかかって
きた（⇒デートをしているときに）。

□ **〜しだい**

例 日にちが決まり**次第**、連絡します（⇒決まっ
たらすぐ）。

□ **〜たとたん（に）**

例 テレビでお店が紹介された**途端**、客が増え
た（⇒紹介されたらすぐ）。

□ **〜たび（に）**

例 この曲を聴く**度に**、大学生の頃を思い出す
（⇒聴くといつも）。

□ **〜ていらい**

例 店を始め**て以来**、こんなことは初めてです
（⇒始めた時からこれまでの間で）。

□ **〜にあたって**

例 論文を書く**にあたって**、先生に相談した（⇒
書くという状況を迎えることになって）。

□ **〜にさいして**

例 サービスのご利用**に際して**、まずは登録を
してください（⇒ご利用の前に）。

□ **〜にさきだち／さきだって**

例 販売開始**に先立ち**、予約の受付が始まった
（⇒開始の前に、まず）。

条件（じょうけん）

□ **〜うえで**

例 家族とよく相談した**上で**決めてください
（⇒相談してから）。

□ **〜しだいで**

例 明日の天気**次第で**、どこに遊びに行くかを
決めます（⇒明日の天気によって）。

□ **〜ては**

例 祖母はその写真を見**ては**、泣いていたそう
だ（⇒見たら必ず）。

□ **〜としたら**

例 それが本当だ**としたら**、大変なことだ（⇒本
当なら）。

□ **〜となると**

例 彼が来ない**となると**、参加者は全部で10
人だね（⇒来ないという状況になれば、来な
い場合）。

□ **〜ないかぎり**

例 本人が謝らない**限り**、許すつもりはない（⇒謝らないなら）。

□ **〜につき**［単位］

例 1回**につき**、1000円かかる（⇒1回に対して）。

□ **〜につけ**

例 彼女と話す**につけ**、素敵な人だなあと思う（⇒話すといつも）。

□ **〜ようものなら**

例 ちょっとでも反対意見を言お**うものなら**、社長はすぐ不機嫌になる（⇒言った場合には）。

□ **〜をぬきに／ぬきにして（は）〜ない**

例 彼を**抜きにして**は、今回の優勝は**なかった**（⇒彼なしでは、彼がいなくては）。

程度

□ **〜だけの**

例 毎日練習した**だけの**ことはある（⇒練習した分の成果がある）。すごくうまくなった。

対比

□ **いっぽうで**

例 期待する**一方で**、彼に任せて大丈夫なのかという不安もある（⇒期待するが、それとは別に）。

□ **〜どころか**

例 謝る**どころか**、挨拶もなかった（⇒謝るというようなレベルでは全くなく）。

□ **〜にはんして**

例 予想に**反して**、Ａ大学が優勝した（⇒予想とは違って）。

□ **〜はんめん**

例 母は優しい**反面**、厳しいところもあります（⇒優しいのとは反対に）。

□ **〜わりに**

例 彼はやせている**割に**よく食べる（⇒やせていることを考えると）。

原因・理由

□ **あまりの〜に**

例 **あまりの**痛さに声を出してしまった（⇒痛さが普通ではなかったので）。

□ **いじょうは**

例 引き受けた**以上は**、一生懸命やります（⇒引き受けたのだから、当然）。

□ **〜からこそ**

例 努力した**からこそ**、成功することができた（⇒まさに努力したから）。

□ **〜からには**

例 日本に来た**からには**、富士山に行きたい（⇒日本に来たのなら、やはり）。

□ **〜せい**

例 試合に負けたのは、私の**せい**だ（⇒負けたのは私の責任だ、負けた理由は私にある）。

□ **〜だけに**

例 安い**だけに**、すぐだめになった（⇒安い分、当然のように）。

□ 〜だけあって

例 長年イギリスに住んでいた**だけあって**、英語が上手だ（⇒長年イギリスに住んでいたから、やはり）。

□ 〜ところをみると

例 笑っている**ところをみると**、合格したようだ（⇒笑っていることから判断すると）。

□ 〜につき［理由］

例 工事中**につき**、この道は通れません（⇒工事中のために）。

□ 〜のことだから

例 彼**のことだから**、時間通りに来るだろう（⇒彼がいつもそうであるように）。

□ 〜ばかりに

例 私が失敗した**ばかりに**、皆に迷惑をかけてしまった（⇒私が失敗したことが原因となって）。

目的・テーマ

□ 〜うえで

例 社員を採用する**上で**最も重視するのは「やる気」です（⇒採用するという目的において）。

経験

□ 〜ている［経験］

例 彼とはこれまで2回、会っ**ています**（⇒会ったことがある）。

逆接など

□ 〜からといって

例 子供だ**からといって**、許されることではない（⇒子供であることを理由に）。

□ 〜くせに

例 知らない**くせに**、いいかげんなことを言わないでほしい（⇒知らないのに）。

□ 〜とはいうものの

例 忙しい**とはいうものの**、もう少し連絡をしてほしい（⇒忙しいが、それでも）。

□ 〜とはいえ

例 子供**とはいえ**、実力は大人と変わらない（⇒子供ではあるが）。

□ 〜ながら

例 彼は本当のことを知り**ながら**、黙っていた（⇒知っていたが）。

□ 〜にしては

例 初めて**にしては**、うまくできた（⇒初めてということから予想されるのと違って）。

□ 〜にしても

例 断る**にしても**、言い方があると思う（⇒断るとしても、断る場合でも）。

□ 〜にもかかわらず

例 雨**にもかかわらず**、よく来てくださいました（⇒雨なのに）。

様子・傾向

□ 〜がち

例 彼は最近、体調が悪く、仕事を休み**がち**だ（⇒仕事を休むことが多い）。

□ 〜きる

例 シャンプーはもう使い**切った**（⇒最後まで全部使った）。

□ **〜ぎみ**

例 少しやせ**ぎみ**なので、もう少し食べたほうがいい(⇒やせている感じ)。

□ **〜げ**

例 社長は不満**げ**な顔をしていた(⇒不満そう)。

□ **〜だらけ**

例 この文章、間違い**だらけ**だよ(⇒間違いがたくさん)。

□ **〜っぽい**

例 このピアス、高かったけど、ちょっと安っ**ぽく**見える(⇒安そうに)。

話題・対象・範囲

□ **〜こととなると**

例 車の**こととなると**、彼は急におしゃべりになる(⇒車の話になると)。

□ **〜といえば**

例 日本料理**といえば**、やはりおすしですね(⇒日本料理について思い浮かぶもの・ことは)。

□ **〜となると**

例 休日**となると**、とても賑やかになる (⇒休日の場合は当然のように)。

□ **〜において**

例 研究活動**において**最も大切なこと (⇒研究活動で)

□ **〜につき** [対象]　※やや難しい

例 諸問題**につき**、意見を交換した(⇒諸問題について)。

□ **〜にわたって**

例 この辺りは、長年**にわたって**調査が行われてきた(⇒長い年月の間)。

例 さまざまな分野**にわたって**研究が行われている(⇒さまざまな分野におよんで)。

□ **〜向き**

例 〈スキー場〉このコースは初心者**向き**だ(⇒初心者に適している)。

□ **〜向け**

例 女性**向け**の雑誌はあちらの棚にあります(⇒女性を主な対象とした雑誌)。

□ **〜とは**

例 「元旦」**とは**1月1日の朝のことです (⇒元旦というものは)。

□ **〜をめぐって**

例 新しい道路計画**をめぐって**、議論が続いている(⇒新しい道路計画をテーマ・対象に)。

起点

□ **〜をきっかけに**

例 彼らの活動は、今回の受賞**をきっかけに**、広く知られるようになった (⇒受賞が原因、機会になって)。

□ **〜を契機に**

例 この事故**を契機に**、安全対策が見直されるようになった(⇒事故が始まりの機会になって)。

□ **〜をはじめとして**

例 先生**をはじめとして**、皆さんに感謝を述べたいと思います(⇒先生、そして皆さんに…)。

限定・非限定
（げんてい・ひげんてい）

□ ～かぎり（は）

例 特別な事情がない**限りは**認められない（⇒事情がないなら）。

□ ～にかぎって

例 彼女に**限って**、そんなことを言うはずがない（⇒ほかの人はわからないが、彼女については間違いなく）。

□ ～にかぎり

例 今回に**限り**、欠席を認めます（⇒今回だけ）。

□ ～ばかりか

例 父**ばかりか**、母にも反対された（⇒父だけでなく）。

複数の事柄・情報の追加
（ふくすう・ことがら・じょうほう・ついか）

□ ～ついでに

例 出かける**ついでに**、これをポストに出してくれる（⇒出かける機会を利用していっしょに）？

□ ～つつ

例 レポートを書かなければと思い**つつ**、ついテレビを見てしまった（⇒思いながら）。

□ ～とともに

例 経済の発展**とともに**、生活も向上した（⇒～といっしょに、～に合わせて）。

□ ～にくわえて

例 専門知識があるの**に加えて**、日本語も上手だ（⇒専門知識があるだけでなく、さらに）。

～につれて

例 娘は、大きくなる**につれて**夫に似てきた（⇒大きくなるのにしたがって、大きくなればなるほど）。

□ ～にともなって

例 引っ越し**に伴って**、冷蔵庫を買い替えた（⇒～と同時に、～に合わせて）。

□ ～はもとより

例 日本全国**はもとより**、海外からも注文がある（⇒日本全国は当然として）。

判断
（はんだん）

□ ～うえ（に）

例 値段が安い**上**、デザインもいい（⇒安いほかに、さらに）。

□ ～からいうと

例 私の経験**からいうと**、やめたほうがいいと思う（⇒私の経験から判断すると）。

□ ～からして

例 彼は服装**からして**、とても教師には見えなかった（⇒服装で判断しただけでも）。

□ ～からすると

例 あの言い方**からすると**、彼女は反対なんだろう（⇒あの言い方から考えると）。

基準・方法
（きじゅん・ほうほう）

□ ～におうじて

例 テストの点数**に応じて**、クラスが決まる（⇒点数を元に、点数に合わせて）。

□ 〜にそって

例 お客様のご希望に沿ってプランをご用意いたします（⇒希望に合わせて）。

□ 〜にもとづいて

例 アンケート結果に基づいて、新商品の開発を始めた（⇒アンケート結果を元にして）。

□ 〜をつうじて

例 彼とはこの会を通じて知り合った（⇒この会で）。

無関係

□ 〜はさておき

例 費用のことはさておき、内容についてまず話しましょう（⇒費用のことはわきに置いておいて / 後にして）。

□ 〜はともかく

例 売れるかどうかはともかく、面白い企画ですね（⇒売れるかどうかは別として / わきに置いておいて）。

□ 〜をとわず

例 男女を問わず、募集します（⇒男女は関係なく）。

□ 〜もかまわず

例 雨が降るのもかまわず、チームは練習を続けた（⇒降るのも気にしないで、関係なく）。

例示

□ 〜というか、〜というか

例 硬いというか地味というか、目立たない（⇒硬いのか地味なのか、とにかく）。

□ 〜にしろ〜にしろ

例 行くにしろ、行かないにしろ、連絡して（⇒行く場合も、行かない場合も）。

□ 〜やら〜やら

例 赤やら白やら、いろいろな花（⇒赤や白や）。

結果

□ 〜あげく

例 迷ったあげく、買わなかった（⇒迷った結果、最後には）。

□ 〜あまり（に）

例 うれしさのあまり、大声を出してしまった（⇒あまりにうれしくて、とてもうれしくて）。

□ 〜きり

例 夏に会ったきり、連絡がない（⇒会ったのを最後に）。

□ 〜すえ

例 考えた末、やめることにした（⇒考えた結果）。

気持ち・感情

□ 〜ことに

例 驚いたことに、彼女には子供がいた（⇒驚いたのだが、驚く話で）。

読 解　読解問題に出るキーワード
とっかい　どっかいもんだいにでる

教育・研究
きょういく　けんきゅう

- □ 解説（する）　to explanation ／解説／ giải thích
  かいせつ
- □ 学歴　academic background／学历／ học vấn
  がくれき
- □ ～巻　～ volume ／～巻／ tập ～
  かん
- □ 教養　education, culture ／教养／ bồi dưỡng
  きょうよう
- □ 研究　research ／研究／ nghiên cứu
  けんきゅう
- □ ～史　history ／～史／ sử ～
  し
- □ 資格　qualifications ／资格／ tư cách, chứng chỉ
  しかく
- □ 進歩（する）　to make progress ／进步／ tiến độ
  しんぽ
- □ 説　theory ／学说／ giả thuyết
  せつ
- □ テーマ　subject ／主题／ chủ đề
- □ 批評　to criticize ／批评／ phê bình
  ひひょう
- □ 文献　literature ／文献／ văn kiện
  ぶんけん
- □ 分野　field ／领域／ lĩnh vực
  ぶんや
- □ 免許　license ／驾照／ chứng chỉ, bằng
  めんきょ
- □ 論争（する）　to argue ／争论／ tranh luận
  ろんそう
- □ 論文　thesis, literature ／论文／ luận văn
  ろんぶん

文化・芸術
ぶんか　げいじゅつ

- □ エッセイ　essay ／随笔／ tản văn
- □ 演技（する）　performance／演技／ diễn xuất
  えんぎ
- □ 演じる　act, play ／表演／ diễn
  えん
- □ オリジナル　original ／独创／ nguyên bản
- □ 絵画　painting ／绘画／ tranh vẽ
  かいが
- □ 鑑賞（する）　appreciation ／鉴赏／ thưởng thức
  かんしょう
- □ 芸術　art ／艺术／ nghệ thuật
  げいじゅつ
- □ 芸能　entertainment ／表演艺术／ nghệ thuật
  げいのう
- □ 作品　work ／作品／ tác phẩm
  さくひん

シナリオ

- □ シナリオ　scenario ／剧本／ kịch bản
- □ 芝居　play, theater ／戏剧／ vở kịch
  しばい
- □ 創作（する）　creation ／创作／ sáng tạo
  そうさく
- □ 展覧会　exhibition ／展览会／ buổi trưng bày
  てんらんかい
- □ 特色　special characteristic／特色／ đặc sắc
  とくしょく
- □ 独特（な）　unique ／独特的／ khác biệt, riêng biệt
  どくとく
- □ 美術　art ／美术／ mĩ thuật
  びじゅつ
- □ 批判（する）　to judge ／批判／ phê phán
  ひはん
- □ 批評（する）　to criticize ／批评／ phê bình
  ひひょう
- □ ～風　～ style ／～式／ kiểu ～
  ふう
- □ 物語る　to tell, relate ／谈、说／ kể về ～
  ものがた

国・地方・政治
くに　ちほう　せいじ

- □ 改革（する）　to reform ／改革／ cải cách
  かいかく
- □ 改正　to amend ／修订／ sửa đổi
  かいせい
- □ 官僚　bureaucrat ／官僚／ cán bộ nhà nước
  かんりょう
- □ 機関　organization ／机关／ cơ quan
  きかん
- □ 憲法　bureaucrat ／官僚／ hiến pháp
  けんぽう
- □ 権利　right ／权利／ quyền lợi
  けんり
- □ 国家　country ／国家／ quốc ca
  こっか
- □ 自治体　local government ／自治体／ chính quyền địa phương
  じちたい
- □ 就任（する）　to assume office ／就任／ nhậm chức
  しゅうにん
- □ 政権　administration ／政权／ chính quyền
  せいけん
- □ 政治　politics ／政治／ chính trị
  せいじ
- □ 制度　system ／制度／ chế độ
  せいど
- □ 政党　political party ／政党／ đảng cầm quyền
  せいとう
- □ 内閣　cabinet ／内阁／ nội các
  ないかく

法律・行政
ほうりつ・ぎょうせい

- [ ] **違反（する）**（いはん） to breach, violate ／违反／ vi phạm
- [ ] **義務**（ぎむ） duty ／义务／ nghĩa vụ
- [ ] **権利**（けんり） right ／权利／ quyền lợi
- [ ] **公式**（こうしき） formula ／正式／ chính thức
- [ ] **公正（な）**（こうせい） justice, fairness ／公正的／ công bằng
- [ ] **裁判員**（さいばんいん） citizen judge ／裁员／ bồi thẩm đoàn
- [ ] **訴訟（する）**（そしょう） case, suit at law ／诉讼／ kiện tụng
- [ ] **廃止（する）**（はいし） abolition ／废止／ bãi bỏ
- [ ] **発行（する）**（はっこう） to publish, issue ／发行／ phát hành
- [ ] **判決**（はんけつ） verdict ／判决／ phán quyết
- [ ] **被害**（ひがい） damage ／受害／ thiệt hại
- [ ] **無罪**（むざい） innocence ／无罪／ vô tội
- [ ] **有罪**（ゆうざい） guiltiness ／有罪／ có tội

経済
けいざい

- [ ] **為替**（かわせ） currency exchange／外汇／ hối đoái
- [ ] **景気**（けいき） economy ／景气／ tình hình kinh tế
- [ ] **事業**（じぎょう） business ／事业／ dự án công việc
- [ ] **商売（する）**（しょうばい） business ／买卖／ buôn bán
- [ ] **損害**（そんがい） damage, loss ／损害／ thiệt hại
- [ ] **大企業**（だいきぎょう） large corporation ／大型企业／ công ty lớn
- [ ] **中小企業**（ちゅうしょうきぎょう） small and medium corporations ／中小型企业／ công ty vừa và nhỏ
- [ ] **取り引き（する）**（とりひき） to do business ／交易、买卖／ giao dịch

- [ ] **ビジネス** to do business ／商业／ thương mại, công việc
- [ ] **民間**（みんかん） private, civilian ／私营／ tư nhân
- [ ] **利益**（りえき） profit ／利益／ lợi nhuận
- [ ] **リストラ** to retrench ／裁员／ sa thải
- [ ] **〜率**（りつ） 〜 rate ／〜率／ tỉ lệ 〜
- [ ] **流通（する）**（りゅうつう） circulation ／流通／ lưu thông

技術・産業
ぎじゅつ・さんぎょう

- [ ] **可能性**（かのうせい） possibility ／可能性／ khả năng
- [ ] **原産**（げんさん） origin ／原产／ nơi sản xuất
- [ ] **原子力発電**（げんしりょくはつでん） nuclear electric power generation ／核能发电／ phát điện nguyên tử
- [ ] **工業**（こうぎょう） industry ／工业／ nhà máy
- [ ] **工芸**（こうげい） crafts ／工艺／ mỹ nghệ thủ công
- [ ] **国産**（こくさん） domestic production ／国产／ quốc nội
- [ ] **サービス業**（ぎょう） service industry ／服务行业／ ngành dịch vụ
- [ ] **産地**（さんち） growing district ／产地／ vùng sản xuất
- [ ] **自給率**（じきゅうりつ） self-sufficiency ratio ／自给自足率／ tỉ lệ tự cung
- [ ] **仕組み**（しく） mechanism, structure ／构造／ cơ cấu
- [ ] **商業**（しょうぎょう） commerce ／商业／ ngành thương mại
- [ ] **進歩（する）**（しんぽ） to make progress ／进步／ tiến bộ, phát triển
- [ ] **水産業**（すいさんぎょう） marine industries ／水产业／ ngành thủy sản
- [ ] **成分**（せいぶん） ingredients ／成分／ thành phần
- [ ] **精密（な）**（せいみつ） precise ／精密／ tinh vi, kĩ lưỡng
- [ ] **装置**（そうち） device ／装置／ thiết bị, bộ phận
- [ ] **天然**（てんねん） natural ／天然的／ thiên nhiên, tự nhiên
- [ ] **特産**（とくさん） local specialty ／特产／ đặc sản
- [ ] **特許**（とっきょ） patent ／专利／ bằng sáng chế, độc quyền

□ 農業（のうぎょう）　agriculture ／农业／ nông nghiệp
□ 農産物（のうさんぶつ）　agricultural produce ／农产品／ nông sản
□ 発明（する）（はつめい）　to invent ／发明／ phát minh
□ 物質（ぶっしつ）　matter, substance ／物质／ vật chất
□ 放射能（ほうしゃのう）　radiation ／核能／ phóng xạ
□ 無害（な）（むがい）　harmless ／无害的／ vô hại
□ 無農薬（むのうやく）　pesticide-free ／无农药／ không thuốc sâu
□ 名産（めいさん）　local specialty ／特产／ đặc sản
□ 名物（めいぶつ）　famous product ／名产／ đặc sản
□ メーカー　manufacturer ／工厂／ nhà sản xuất
□ 養殖（する）（ようしょく）　aquafarming ／养殖／ nuôi trồng

自然・環境（しぜん・かんきょう）

□ 異常気象（いじょうきしょう）　abnormal weather ／异常气象／ hiện thượng khí tượng bất thường
□ 遺伝（する）（いでん）　to be inherited ／遗传／ di truyền
□ エコ（ロジー）　environmental consciousness ／环保／ tiết kiệm nhiên liệu
□ 化石（かせき）　fossil ／化石／ hóa thạch
□ 観測（する）（かんそく）　to observe ／观测／ quan sát, quan trắc
□ 共生（する）（きょうせい）　to live together ／共同存在／ cộng sinh
□ 資源（しげん）　resources ／资源／ tài nguyên
□ 省エネ（しょう）　energy conservation ／省能源／ tiết kiệm nhiên liệu
□ 森林（しんりん）　forest ／森林／ rừng
□ 推進（する）（すいしん）　promote, pursue ／推进／ khuyến khích
□ スローフード　slowfood ／慢食／ thức ăn chậm
□ 生態系（せいたいけい）　ecosystem ／生态系／ hệ sinh thái
□ 節電（する）（せつでん）　to save electricity ／省电／ tiết kiệm điện

□ 絶滅（する）（ぜつめつ）　to become extinct ／绝密／ tuyệt chủng
□ 地球温暖化（ちきゅうおんだんか）　global warming ／地球温室效应／ hiện tượng trái đất ấm lên
□ 津波（つなみ）　tsunami ／海啸／ sóng thần
□ 天然記念物（てんねんきねんぶつ）　natural treasure ／自然保护植（动）物／ động vật tự nhiên cần bảo tồn
□ 二酸化炭素（にさんかたんそ）　carbon dioxide ／二氧化碳／ khí CO_2
□ 破壊（する）（はかい）　to destroy ／破坏／ phá hủy
□ 繁殖（する）（はんしょく）　reproduction ／繁殖／ sinh sôi
□ 被災（する）（ひさい）　affected ／受灾／ thiệt hại do thiên tai
□ 微生物（びせいぶつ）　microorganism ／微生物／ vi sinh vật
□ 保護（する）（ほご）　to protect ／保护／ bảo vệ

健康・医療（けんこう・いりょう）

□ 遺伝子（いでんし）　genes ／遗传基因／ gen di truyền
□ 衛生（えいせい）　hygienic ／卫生／ vệ tinh
□ 衰える（おとろ）　decline, fail ／衰退／ suy thoái
□ 過労死（かろうし）　働（はたら）き過（す）ぎが原因（げんいん）で死（し）に至（いた）ること。
□ ～気味（ぎみ）　a touch of, -ish ／稍微•••、有点儿•••／ cảm thấy ~
□ 休養（する）（きゅうよう）　to rest ／疗养／ nghỉ dưỡng
□ 脂肪（しぼう）　fat ／脂肪／ mỡ
□ 就寝（する）（しゅうしん）　to go to bed ／就寝／ đi ngủ
□ 寿命（じゅみょう）　lifespan ／寿命／ tuổi thọ
□ 症状（しょうじょう）　symptoms ／症状／ bệnh trạng
□ 生活習慣病（せいかつしゅうかんびょう）　lifestyle-related diseases ／生活习惯病／ bệnh do thói quen sinh hoạt
□ 体調（たいちょう）　physical shape ／健康状况／ tình hình sức khỏe
□ 体力（たいりょく）　physical strength ／体力／ thể lực
□ 動作（どうさ）　action, movement ／动作／ động tác
□ 日課（にっか）　routine ／每天规定应作的事／ thường nhật

□ 免疫 めんえき	immunity ／免疫／ miễn dịch	
□ 余暇 よか	leisure time ／余暇／ thời gian rảnh	
□ 予防（する） よぼう	to prevent ／预防／ dự phòng	
□ ワクチン	vaccine ／疫苗／ vắc xin	

文明・歴史
ぶんめい・れきし

□ 遺跡 いせき	revolution ／革命／ di tích
□ 革命 かくめい	background ／背景／ cách mạng
□ 植民地 しょくみんち	ruin, remains ／遺迹／ thuộc địa
□ 侵略（する） しんりゃく	colony ／殖民地／ xâm lược
□ 同盟 どうめい	invasion, incursion ／侵略／ đồng minh
□ 背景 はいけい	background ／背景／ bối cảnh
□ 民族 みんぞく	race ／民族／ dân tộc
□ 冷戦 れいせん	cold war ／冷战／ chiến tranh lạnh

生活・社会
せいかつ・しゃかい

□ いじめ	学校などで、同じ相手をくり返しいじめること。
□ 介護（する） かいご	to care ／看护／ chăm sóc, điều dưỡng
□ 格差 かくさ	gap, disparity ／差别／ sự cách biệt
□ 価値観 かちかん	何がどれだけ大切か、というものの見方や考え方。
□ 高齢化 こうれいか	aging population ／高龄化／ già hóa
□ 個人情報 こじんじょうほう	personal information ／个人信息／ thông tin cá nhân
□ 再利用（する） さいりよう	to reuse ／再利用／ tái sử dụng
□ 失業（する） しつぎょう	unemployment ／失业／ thất nghiệp
□ 少子化 しょうしか	declining birth rate ／少子化／ tỉ lệ sinh giảm
□ 世間 せけん	society ／社会／ người đời, xã hội
□ 専業主婦 せんぎょうしゅふ	家庭の外で仕事を持たない主婦。

□ 共働き ともばたらき	夫婦ともに仕事をしていること。
□ ニート	日本では、15 ～ 34 歳の年齢層から学生と専業主婦を除き、仕事をせず、仕事も探していない人のこと。
□ 年金 ねんきん	pension ／养老金／ lương hưu
□ 派遣（する） はけん	dispatch ／派遣／ phái cử
□ バリアフリー	障害者や高齢者などに、生活しやすくすること。
□ 晩婚化 ばんこんか	結婚の平均年齢が以前より高くなること。
□ 引きこもり ひ	長い期間、自分の家や部屋にとじこもり、社会活動に参加しないこと。
□ 不況 ふきょう	recession ／不景气／ kinh tế ảm đạm
□ 福祉 ふくし	welfare ／福利／ phúc lợi
□ フリーター	アルバイトやパートなどで収入を得て、生活している人のこと。
□ ホームレス	homeless ／无家可归的人／ vô gia cư
□ ライフスタイル	lifestyle ／生活方式／ lối sống
□ リストラ	to retrench ／裁员／ 기업 구조 조정 (을 하다)
□ 老後 ろうご	年をとった後。

商品・サービス
しょうひん

□ 欠陥 けっかん	defect, fault ／缺陷／ hỏng, lỗi
□ 消費者 しょうひしゃ	consumer ／消费者／ người tiêu dùng
□ 手数料 てすうりょう	handling charge ／手续费／ phí giao dịch
□ 特長 とくちょう	distinguishing feature ／特长／ đặc chưng
□ 値引き ねびき	discount ／折扣／ giảm giá
□ 返却（する） へんきゃく	to return, to bring back ／归还／ trả lại

- □ 返品（**する**） refund ／退货／ trả lại hàng
- □ リサイクル（**する**）
  to recycle ／再利用／ tái sử dụng
- □ 割引（**する**） discount ／折扣／ giảm giá

イベント・施設案内

- □ 開放（**する**） to open ／开放／ mở (không gian, cửa)
- □ カルチャー教室
  culture class／文化教室／lớp học văn hóa
- □ 鑑賞（**する**） appreciation ／鉴赏／ thưởng thức
- □ 観戦（**する**） to spectate ／观看比赛／ xem (thi đấu)
- □ 競技（**する**） to compete ／比赛／ thi đấu
- □ 稽古（**する**） to practice, rehearse ／练习／tập luyện
- □ 掲示（**する**） to post a notice／公示／thông cáo
- □ 実施（**する**） to enforce ／实施／ thực hiện
- □ 比較（**する**） to compare ／比较／ so sánh
- □ 避難（**する**） to evacuate ／避难／ lánh nạn
- □ プラン plan ／计划／ kế hoạch
- □ 催す to hold ／召开／ tổ chức
- □ レクリエーション
  recreation ／娱乐／ vui chơi, giải trí

聴　解　聴解問題に出るキーワード

大学・学校

□ **学会**（がっかい）　academic conference ／学会／ hội thảo　例 学会で発表する

□ **期限**（きげん）　time limit, deadline ／期限／ thời gian　例 提出期限

□ **掲示（する）**（けいじ）　to post a notice ／公示／ đăng thông báo　例 ポスターを掲示する

□ **サークル**　趣味の活動をする集まり、団体。例 大学のサークル

□ **実習（する）**（じっしゅう）　practice, practical training ／实习／ thực tập　例 企業で実習する

□ **就職活動**（しゅうしょくかつどう）　job hunting ／就职活动／ tìm việc làm　例 就職活動を行う

□ **進路**（しんろ）　career options ／去向／ hướng đi tương lai　例 卒業後の進路を決める

□ **ゼミ**　seminar ／讨论课／ giờ học của phòng nghiên cứu　例 ゼミで発表する

会社・職場

□ **アポイント**　appointment ／联络、预约／ hẹn gặp　例 アポイントをとる

□ **打ち合わせ**（うあ）　meeting ／协商／ họp　例 取引先との打ち合わせ

□ **企画書**（きかくしょ）　proposal ／企划书／ bản kế hoạch　例 新製品の企画書

□ **クレーム**　complaint ／索赔／ phàn nàn　例 クレームをつける

□ **原稿**（げんこう）　manuscript ／草稿／ bản thảo　例 雑誌の原稿を書く

□ **交渉（する）**（こうしょう）　negotiation ／交涉／ thương thảo　例 価格を交渉する

□ **声をかける**（こえ）　呼ぶ、話しかける　例 田中さんにも声をかける

□ **採用（する）**（さいよう）　hiring ／录用／ tuyển dụng　例 アルバイトを一人採用する

□ **社会人**（しゃかいじん）　学生に対して、社会に出て仕事や役割を持つ人。例 社会人向けの大学、学生から社会人になる

□ **セミナー**　seminar ／研讨会、研究班课程／ hội thảo　例 セミナーに参加する

□ **転勤（する）**（てんきん）　to transfer ／调动工作／ chuyển việc　例 大阪に転勤する

□ **念のため**（ねん）　just in case ／为了慎重起见／ để cho chắc　例 念のため確認しておく

□ **プレゼンテーション**　to give a presentation ／计划设计介绍／ thuyết trình　例 新製品のプレゼンテーションを行う

□ **名刺**（めいし）　business card ／名片／ danh thiếp　例 名刺を交換する

□ **リスト**　list ／名单／ danh sách　例 出席者のリスト

□ **履歴書**（りれきしょ）　resume ／履历表／ sơ yếu lí lịch　例 履歴書を提出する

役所・公共サービス

□ **印鑑**（いんかん）　personal seal ／印章／ con dấu　例 印鑑を押す

□ **延長（する）**（えんちょう）　to extend ／延长／ kéo dài　例 期限を延長する

□ **開館（する）**（かいかん）　図書館などが開く時間。例 開館時間

□ 開催（する）　to hold ／召开、举行／ tổ chức
　　かいさい　　　例 コンサートを開催する

□ 貸し出し（する）
　　か　だ　　　circulation ／出借／ cho mượn
　　　　　　　例 本を貸し出しする

□ 実施（する）　to enforce ／実施／ thực hiện
　　じっし　　　例 イベントを実施する

□ 締め切る　to cut off ／截止日期／ hết hạn
　　し　き　　例 募集を締め切る

□ 申請（する）　to apply ／申请／ đăng kí
　　しんせい　　例 ビザを申請する

□ 整理券　混乱しないように、入場の順番な
　　せいりけん　どを書いた券。　例 整理券を配る

□ 展示（する）　to exhibit ／展示／ trưng bày
　　てんじ　　　例 作品を展示する

□ 届け　notice ／请假条／ đơn
　　とど　　例 届けを提出する

□ 返却（する）　to return, to bring back ／归还／
　　へんきゃく　trả lại　例 来週までに返却する

□ 催し　event ／节目、活动／ sự kiện
　　もよお　　例 市の催し

店・サービス
みせ

□ 居酒屋　安くお酒や料理が楽しめる店。
　　いざかや　例 近くの居酒屋で飲む

□ 移転（する）　to move ／转移、搬家／ chuyển
　　いてん　địa điểm　例 店を移転する

□ お気に入りの
　　き　い　favorite ／满意／ yêu thích
　　　　　例 お気に入りのおもちゃ

□ クーポン　coupon ／优惠券／ phiếu ưu đãi
　　　　　例 割引クーポンを利用する

□ 契約（する）　to contract ／签约／ kí kết
　　けいやく　例 新しい部屋を契約する

□ 充実（する）　to be replete ／充实／ đầy đủ,
　　じゅうじつ　hoàn hảo
　　　　　例 品揃えが充実している

□ 宣伝（する）　advertising ／宣传／ quảng cáo,
　　せんでん　tuyên truyền
　　　　　例 イベントを宣伝する

□ 素材　materials ／素材、原材料／ chất
　　そざい　liệu　例 素材にこだわる

□ 通信販売／通販
　　つうしんはんばい　つうはん
　　　　　mail order ／邮购／ bán hàng qua
　　　　　mạng　例 通販で購入する

□ 提供（する）　to provide ／提供／ cung cấp
　　ていきょう　例 お酒を提供する

□ 手数料　handling charge ／手续费／
　　てすうりょう　phí giao dịch　例 手数料がかかる

□ 取り扱いがある
　　と　あつか
　　　　　handling ／使用、操作／ có bán
　　　　　例 この商品の取り扱いはない

□ 取扱商品　line of products ／经营商品／ sản
　　とりあつかいしょうひん　phẩm giao dịch
　　　　　例 当店での取り扱い商品

□ 値引き（する）　discount ／折扣／ giảm giá
　　ねび　　　例 千円の値引き

□ 半額　half price ／半价／ giảm nửa giá
　　はんがく　例 半額セール

□ 評判　reputation ／评论／ đánh giá
　　ひょうばん　例 評判のいい先生

□ 品質　quality ／品质／ chất lượng sản
　　ひんしつ　phẩm　例 高品質の商品

□ 保証書　warranty ／保修单／ phiếu bảo
　　ほしょうしょ　hành　例 商品の保証書

□ 満席　to be old out ／满座／ kín chỗ
　　まんせき　例 満席で、店に入れない

□ ～未満　less than ～ ／未满～／ chưa đến ～
　　みまん　例 1万円未満

□ 了承（する）　to accept ／原谅／ hiểu, thông
　　りょうしょう　cảm　例 内容の変更を了承する

移動
いどう

- □ **大通り**（おおどお）　main street ／大路／ đường lớn, đại lộ　例 大通りに面したホテル（おおどお・めん）
- □ **カウンター**　counter ／柜台／ quầy　例 切符売場のカウンター（きっぷうりば）
- □ **区域**（くいき）　area, zone ／区域／ khu　例 立ち入り禁止区域（たち・い・きんし・くいき）
- □ **区間**（くかん）　section ／区间／ đoạn, khoảng　例 乗車区間（じょうしゃくかん）
- □ **スペース**　space ／空间／ khoảng không　例 座るスペースがない（すわ）
- □ **手前**（てまえ）　in front ／前面／ trước mặt　例 ひとつ手前の駅で降りる（てまえ・えき・お）
- □ **方面**（ほうめん）　direction ／方向／ hướng ~　例 駅方面に向かう（えきほうめん・む）
- □ **歩行者**（ほこうしゃ）　pedestrian ／行人／ người đi bộ　例 車と歩行者の事故（くるま・ほこうしゃ・じこ）
- □ **目印**（めじるし）　landmark ／标志／ mốc, dấu　例 目印になる建物（めじるし・たてもの）
- □ **最寄り**（もよ）　closest ／最近的／ gần nhất　例 最寄りの駅（もよ・えき）

健康・美容
けんこう　びよう

- □ **アレルギー**　allergy ／过敏／ dị ứng　例 食べ物のアレルギー（た・もの）
- □ **ウイルス**　virus ／病毒／ vi rút　例 風邪のウィルス（かぜ）
- □ **外食**（がいしょく）　dining out ／外出就餐／ ăn ngoài hàng　例 一人で外食する（ひとり・がいしょく）
- □ **回復**（する）（かいふく）　recovery ／恢复／ hồi phục　例 体調が回復する（たいちょう・かいふく）
- □ **感染**（する）（かんせん）　infection ／感染／ lây nhiễm　例 ウイルスに感染する（かんせん）
- □ **禁煙**（きんえん）　non smoking ／禁烟／ cai thuốc　例 カフェの禁煙席（きんえんせき）
- □ **寿命**（じゅみょう）　lifespan ／寿命／ tuổi thọ　例 日本人の平均寿命（にっぽん/にほんじん・へいきんじゅみょう）

（右段）

- □ **症状**（しょうじょう）　symptom ／症状／ bệnh trạng　例 風邪の症状（かぜ・しょうじょう）
- □ **ストレス**　stress ／压力／ căng thẳng　例 ストレスがたまる
- □ **体調**（たいちょう）　physical condition ／身体状况／ thể trạng　例 体調が悪い（たいちょう・わる）
- □ **低下**（する）（ていか）　to fall ／下降／ giảm　例 視力が低下する（しりょく・ていか）
- □ **トレーニング**　training ／训练／ luyện tập　例 毎日のトレーニング（まいにち）
- □ **美容**（びよう）　beauty ／美容／ làm đẹp　例 美容に気をつける（びよう・き）
- □ **不規則**（な）（ふきそく）　disorderly ／不规律的／ không có quy luật　例 不規則な生活（ふきそく・せいかつ）
- □ **負担**（する）（ふたん）　burden, weiight ／负担／ gánh nặng　例 体に負担がかかる（からだ・ふたん）
- □ **ヘルシー**（な）　healthy ／健康的／ lành mạnh, tốt cho sức khỏe　例 ヘルシーな食事（しょくじ）
- □ **予防**（する）（よぼう）　protection ／预防／ dự phòng　例 病気を予防する（びょうき・よぼう）
- □ **〜を伴う**（ともな）　to accompany ／伴随／ kèm theo ~　例 痛みを伴う（いた・ともな）

スポーツ・テレビ

- □ **イベント**　events ／活动／ sự kiện　例 学校のイベント（がっこう）
- □ **インタビュー**　interview ／采访／ phỏng vấn　例 選手へのインタビュー（せんしゅ）
- □ **屋外**（おくがい）　outdoor ／屋外、室外／ ngoài trời　例 屋外の会場（おくがい・かいじょう）
- □ **ゲスト**　guest ／客人／ khách　例 芸能人のゲスト（げいのうじん）
- □ **決勝**（けっしょう）　final game ／决赛／ chung kết　例 決勝戦の相手（けっしょうせん・あいて）
- □ **最新**（さいしん）　latest ／最新／ mới nhất　例 最新の情報（さいしん・じょうほう）

□ **視聴者** （しちょうしゃ） audience ／观众／ khán giả
　　　　例 視聴者の意見 （しちょうしゃ　いけん）

□ **プレー（する）** play ／比赛／ chơi
　　　　例 海外でプレーする （かいがい）

□ **報道（する）** （ほうどう） news report ／报道／ truyền thông
　　　　例 事件を報道する （じけん　ほうどう）

□ **メンバー** member ／成员／ thành viên
　　　　例 代表メンバー （だいひょう）

□ **予選** （よせん） preliminary round ／预选赛／ vòng loại
　　　　例 予選を勝ち抜く （よせん　か　ぬ）

□ **レポーター** reporter ／采访记者／ phóng viên
　　　　例 番組のレポーター （ばんぐみ）

経済・ビジネス
（けいざい）

□ **売れ行き** （う　ゆ） sales ／销售额／ tình hình bán ra
　　　　例 新商品の売れ行きがいい （しんしょうひん　う　ゆ）

□ **合理化（する）** （ごうりか） to rationalize, streamline ／合理化／ hợp lí hóa
　　　　例 経営の合理化を図る （けいえい　ごうりか　はか）

□ **コスト** cost ／成本／ chi phí
　　　　例 コストを抑える （おさ）

□ **在庫** （ざいこ） stock ／存货／ còn hàng
　　　　例 商品の在庫 （しょうひん　ざいこ）

□ **事業** （じぎょう） business ／事业／ công việc, dự án
　　　　例 公共事業 （こうきょうじぎょう）

□ **品揃え** （しなぞろ） selection of goods ／商品种类齐全／ đầy đủ mặt hàng
　　　　例 品揃えがいい （しなぞろ）

□ **資本** （しほん） funds ／资本／ vốn đầu tư
　　　　例 海外資本の会社 （かいがい　しほん　かいしゃ）

□ **商売（する）** （しょうばい） business ／买卖／ buôn bán
　　　　例 海外で商売する （かいがい　しょうばい）

□ **取り引き（する）** （と　ひ）
　　　　to do business ／交易、买卖／ giao dịch
　　　　例 A 社と取り引きする （しゃ　と　ひ）

□ **〜を占める** （し） to make up ／占有／ chiếm 〜
　　　　例 市場の半分を占める （しじょう　はんぶん　し）

154

ワンポイント整理　カジュアルな言い方と丁寧な言い方

聴解問題では、同じ意味でも、会話の中でさまざまな表現が出てきます。友達や家族と話すときと、目上の人と話すときと、違いを確認しておきましょう。

● これ、一つ食べませんか。

これ、一つ食べない？	これ、（お）一つ召し上がりませんか。

● これ、一つどうですか。

これ、一つどう？	これ、（お）一ついかがですか。

● 一緒に行きませんか。

一緒に行かない？	ご一緒に行かれませんか。

● うちに来ませんか。

うちに来ない？	うちにいらっしゃいませんか。

● 森さんが来たみたいです。

森さんが来たみたい。	森さんがいらっしゃったみたいです。 森さんがお見えになったみたいです。

● 今、どこにいるんですか。

今、どこ（にいるの）？	今、どちらにいらっしゃいますか。

● その服、似合っていますよ。

その服、似合ってるよ。	その服、お似合いですよ。

● 疲れているのではないですか。

疲れてるんじゃない（の）？	お疲れではないですか。

● これではわかりません。

これじゃ、わかんない。	これではちょっとわかりません。

● 知っていましたか。

知ってた？	ご存知でしたか。

● これを持ってくれませんか。

これ、持ってくれない？	これを持って（お持ち）いただけませんか。

● 見たことがありますか。

見たことある？	ご覧になったことがありますか。

● 何を注文しましたか。

何、注文した？	何をご注文されましたか。

● 著者

森本　智子（ルネッサンス ジャパニーズ ランゲージスクール専任講師）

高橋　尚子（熊本外語専門学校講師）

松本　知恵（NSA 日本語学校専任講師）

杉山ますよ（早稲田大学非常勤講師）

青木　幸子（元筑波大学非常勤講師）

黒岩しづ可（元日本学生支援機構東京日本語センター日本語講師）

藤田　朋世（元静岡大学非常勤講師）

レイアウト・DTP　　　オッコの木スタジオ
カバーデザイン　　　花本浩一
翻訳　　　Alex Ko Ransom ／司馬黎／ Nguyen Van Anh
ナレーション　　　都さゆり／大山尚雄
録音・編集　　　一般財団法人 英語教育協議会（ELEC）

本書へのご意見・ご感想は下記 URL までお寄せください。
https://www.jresearch.co.jp/contact/

JLPT 日本語能力試験 N2 完全模試 SUCCESS

令和 4 年（2022 年）　5 月 10 日　初版 第 1 刷発行
令和 7 年（2025 年）11 月 10 日　　　第 3 刷発行

著　者　森本智子・高橋尚子・松本知恵・杉山ますよ・青木幸子・黒岩しづ可・藤田朋世
発行人　福田富与
発行所　有限会社 J リサーチ出版
　　　　〒 166-0002　東京都杉並区高円寺北 2-29-14-705
電　話　03 (6808) 8801（代）　　　FAX　03 (5364) 5310
編集部　03 (6808) 8806
　　　　https://www.jresearch.co.jp
印刷所　株式会社シナノ パブリッシング プレス

ISBN 978-4-86392-557-1

JLPT
日本語能力試験
完全模試

SUCCESS

N2

Japanese Language Proficiency Test N2 Complete Mock Test SUCCESS
成功的日语能力测试 N2 完整的模拟测试
Thành công kỳ thi năng lực tiếng Nhật N2 Hoàn thành bài kiểm tra mô phỏng

森本智子／髙橋尚子／松本知恵／杉山ますよ／青木幸子／黒岩しづ可／藤田朋世●共著

模擬試験●第1〜3回

問題

※最後に解答用紙があります。

★この別冊は、強く引っ張ると取りはずせます。
The appendix can be removed by pulling it out strongly.
另册部分可以拆卸。
이별 책은힘껏잡아당기면뗄수있습니다.

Ｊリサーチ出版

N2

言語知識（文字・語彙・文法）・読解

（105分）

問題1　＿＿＿の言葉の読み方として最もよいものを、1・2・3・4から一つ選びなさい。

1　明日は午後から天気が荒れるらしい。

　　1　たれる　　　　　2　くれる　　　　　3　はれる　　　　　4　あれる

2　今、職場でアルバイトを募集している。

　　1　ぼうしゅう　　　2　ぼしゅう　　　　3　ほうじゅう　　　4　ほじゅう

3　貯金が少なく、ほとんどないに等しい。

　　1　ひとしい　　　　2　ひさしい　　　　3　とうしい　　　　4　といしい

4　近所のコンビニに、強盗が入ったそうだ。

　　1　きょうとう　　　2　きょうどう　　　3　ごうとう　　　　4　ごうどう

5　そんな乱暴な言葉遣いをしてはいけない。

　　1　らんぼう　　　　2　らんぼ　　　　　3　なんぼう　　　　4　なんぼ

問題2　＿＿＿＿の言葉を漢字で書くとき、最もよいものを１・２・３・４から一つ選びなさい。

6　彼が仕事をやめたのには、何か<u>ふかい</u>理由があるそうだ。

　1　探い　　　　　2　深い　　　　　3　投い　　　　　4　没い

7　兄は市役所に<u>つとめて</u>いる。

　1　助めて　　　　2　働めて　　　　3　勧めて　　　　4　勤めて

8　あの映画は、<u>そうぞう</u>していた内容と違っていた。

　1　相像　　　　　2　相象　　　　　3　想像　　　　　4　想象

9　台所は常に<u>せいけつ</u>にしておかなければならない。

　1　清潔　　　　　2　請潔　　　　　3　清決　　　　　4　請決

10　林さんは<u>むすこ</u>さんが二人いるそうです。

　1　孫子　　　　　2　童子　　　　　3　息子　　　　　4　娘子

問題3 （　　　　）に入れるのに最もよいものを、1・2・3・4から一つ選びなさい。

2分（1問15秒）

11 これはちょうど（　　　　）正面から撮った写真です。

1　逆　　　　　　　2　全　　　　　　　3　真　　　　　　　4　重

12 私の家と彼女の家は（　　　　）方向なので、そこで別れました。

1　他　　　　　　　2　異　　　　　　　3　違　　　　　　　4　別

13 （　　　　）収入の仕事に就くためには、人よりも勉強しなければならない。

1　超　　　　　　　2　上　　　　　　　3　高　　　　　　　4　多

14 福岡行930便は（　　　　）天候のため、欠航となります。

1　悪　　　　　　　2　極　　　　　　　3　変　　　　　　　4　特

15 天候などによって、目的（　　　　）に到着する時間が遅れる場合もある。

1　所　　　　　　　2　地　　　　　　　3　場　　　　　　　4　間

問題4 （　　　）に入れるのに最もよいものを、1・2・3・4から一つ選びなさい。

4分（1問30秒）

16 風邪でのどが痛くて、息をするのが（　　　）。

1　つらい　　　　　2　だるい　　　　　3　かゆい　　　　　4　ひどい

17 この書類をファイルに（　　　）おいてください。

1　つかんで　　　　2　にぎって　　　　3　はさんで　　　4　おさえて

18 料理が出てくるのが遅いと、お客さんから（　　　）を言われた。

1　スペース　　　　2　クレーム　　　　3　ボーナス　　　　4　スムーズ

19 寝ている間にたくさん汗を（　　　）ので、朝起きてからシャワーを浴びた。

1　ふいた　　　　　2　ひいた　　　　　3　かいた　　　　　4　ついた

20 私はよく、姉のやることを（　　　）していました。

1　まし　　　　　　2　せい　　　　　　3　ふり　　　　　　4　まね

21 田中さんがこの仕事を（　　　）くれて、本当に助かった。

1　引き受けて　　　2　引き渡して　　　3　引き入れて　　　4　引き込んで

22 今週末は予定が（　　　）つまっている。

1　ぴったり　　　　2　ぎっしり　　　　3　そっくり　　　　4　じっくり

問題5 ＿＿＿＿の言葉に意味が最も近いものを、1・2・3・4から一つ選びなさい。

23 昨日のイベントは、約 2,500 人の参加者があった。

1　たぶん　　　　　　2　おおよそ　　　　　3　かなり　　　　　4　だいぶ

24 調味料の売り場はどこですか。

1　ステージ　　　　　2　スタイル　　　　　3　コース　　　　　4　コーナー

25 あのホテルはながめがいいので人気がある。

1　雰囲気　　　　　　2　環境　　　　　　　3　景色　　　　　　4　値段

26 あんなひどい言い方をして、頭に来る。

1　勉強になる　　　　2　納得できる　　　　3　怒りを感じる　　4　わかりやすい

27 やかましいなあ。勉強に集中できないよ！

1　うるさい　　　　　2　暗くなる　　　　　3　こんでいる　　　4　さびしい

問題6　次の言葉の使い方として最もよいものを、1・2・3・4から一つ選びなさい。

28 見本

1　青い大きな看板がありますので、それを見本に来てください。

2　最初が大事です。まず、見本をしっかり身につけてください。

3　店には見本だけが置いてあって、商品は後日、届けられる。

4　この言葉の使い方を、見本を挙げて説明していただけますか。

29 思いつく

1　彼女の誕生日に何をプレゼントするか、いいアイデアが思いつかない。

2　頼まれた仕事を、まだやっていなかったことを思いついた。

3　やっと思いついて好きな人を映画に誘ったが、断られてしまった。

4　この歌を聞くと、大学時代の友人たちの顔が思いつく。

30 休業

1　私の会社は午前10時と午後3時に15分の休業がある。

2　石川さんは1年間会社を休業して、留学するそうです。

3　来週の日本語会話の授業は休業となります。

4　当社は、年末年始は12月30日から1月3日まで休業いたします。

31 めずらしい

1　館内では財布や鍵などのめずらしい物は、常に持ち歩いてください。

2　この動物園では、めずらしい動物をたくさん見ることができる。

3　地球温暖化の影響で、天気がめずらしくなってきている。

4　めずらしいカメラを使えば、深さ300メートルの海の中も撮影できる。

32 まもなく

1　息子は家に帰って来たかと思ったら、まもなくまた出かけて行った。

2　交通事故を起こしたときは、まもなく警察と救急車を呼んでください。

3　この飛行機は、まもなく東京国際空港に到着いたします。

4　「もしもし、中村さんをお願いします。」「中村は、まもなく帰ったばかりです。」

問題7 次の文の（　　　　）に入れるのに最もよいものを、1・2・3・4から一つ選びなさい。

33 今晩これから試験勉強をするので、（　　　　）コーヒーを飲みます。

1　眠ってもおかしくないのに　　　　　　2　眠ってしまわないように

3　眠っていてくれそうで　　　　　　　　4　眠れないことになるには

34 仕事の疑問点はわからない（　　　　）、上司や同僚に聞いてください。

1　にあたって　　　　　　　　　　　　　2　ようにすれば

3　ことになって　　　　　　　　　　　　4　ままにせず

35 大丈夫です。（　　　）一人で行くほうが、気楽でいいです。

1　むしろ　　　　　2　いずれ　　　　　3　まさか　　　　　4　やがて

36 ご飯の量が多かったけど、なんとか全部（　　　　）。

1　食べ抜いた　　　　2　食べ合った　　　　3　食べ出した　　　　4　食べ切った

37 彼女が作ってくれたケーキは、これまで食べたどの（　　　　）おいしかった。

1　ケーキよりも　　　　　　　　　　　　2　ケーキばかり

3　ケーキのほうが　　　　　　　　　　　4　ケーキがいちばん

38 地震や台風（　　　　）、食料品や水を多めに買った。

1　にとって　　　　2　に対して　　　　3　に備えて　　　　4　に応じて

39 部長に確認した（　　　　）、林さんの話は間違っていることがわかった。

1　だけに　　　　2　ことを　　　　3　あげく　　　　4　ところ

40 スミス「来月、2年（　　　　）国に帰るつもりです。」

　　　　木村　「そうなんだ。ゆっくり楽しんできてね。」

1　ぶりに　　　　2　たびに　　　　3　おきに　　　　4　ほどに

41 西川「私の発表、どうでしたか。」

田村「そうですね。もう少し最後の説明を（　　　　）かもしれませんね。」

1　詳しくしたからよかった　　　　　　2　詳しくしたほうがよかった

3　詳しくしたからいいに違いない　　　4　詳しくしたらいいわけにはいかない

42 昨日は松本さんに仕事を（　　　　）、よかったですね。

1　手伝ってもらったそうで　　　　　　2　手伝ってもらえそうで

3　手伝いしてくれていたそうで　　　　4　手伝ってもらうそうで

43 上田さんが退職するとのこと、（　　　　）。

1　残念なうちです　　　　　　　　　　2　残念ばかりです

3　残念すべきです　　　　　　　　　　4　残念でなりません

44 山川さんは何か（　　　　）かけたが、結局、何も言わなかった。

1　言い　　　　　　2　言う　　　　　　3　言って　　　　　　4　言った

問題8　次の文の＿★＿に入る最もよいものを、1・2・3・4から一つ選びなさい。

（問題例）

あそこで ＿＿＿ ＿＿＿ ＿★＿ ＿＿＿ は山田さんです。

1　本　　　　　　　　2　読んでいる　　　3　を　　　　　　　4　人

（解答のしかた）

1．正しい文はこうです。

あそこで ＿＿＿ ＿＿＿ ＿★＿ ＿＿＿ は山田さんです。

　　　　1　本　　3　を　　2　読んでいる　　4　人

2．＿★＿に入る番号を解答用紙にマークします。

（解答用紙）　　（例）　①　●　③　④

45 そのワイン、遊びに来た友達に ＿＿＿ ＿＿＿ ★ ＿＿＿ 。

1　飲んだきりだ　　　　　　　　　2　もらったんだけど

3　もらった　　　　　　　　　　　4　その日に

46 家族の ＿＿＿ ＿＿＿ ★ ＿＿＿ 頑張れる。

1　大変な　　　　2　どんなに　　　　3　ことでも　　　　4　ためなら

47 ちゃんと部屋を ＿＿＿ ＿＿＿ ★ ＿＿＿ できません。

1　友達を招待　　　2　でないと　　　3　してから　　　4　掃除

48 人に ＿＿＿ ＿＿＿ ★ ＿＿＿ 出かけたくなった。

1　わけ　　　　2　会う　　　　3　おしゃれをして　　4　でもないのに

49 レジの仕事を ＿＿＿ ＿＿＿ ★ ＿＿＿ やってみるとできなかった。

1　つもりだった　　2　覚えた　　　3　けれど　　　4　実際に

6分（1問70秒）

問題9　次の文章を読んで、文章全体の内容を考えて、| 50 |から| 54 |の中に入る最もよいものを、1・2・3・4から一つ選びなさい。

社会人ってどんな人？

　日本語に、「社会人」という言葉がある。日本でよく| 50 |言葉だ。学校で先生が「社会人となるために…」と話すのを聞いて、この言葉を知った。「社会の人」とはどんな意味なのかと思ったが、「学生ではなく、仕事をしている人」ということだそうだ。

　| 51 |、学校を卒業しても、会社などに勤めずにアルバイト生活を送っている人は、「社会人」とは言いにくいそうだ。「社会人」というときには、「学生ではなく、アルバイトでもなく、就職して仕事をしている人」という意味で使われることが多いらしい。これは、日本だけの言葉ではないかと思う。仕事をする人というのなら、「労働者」とは何が違うのだろうか。

　日本人の友人に聞いてみると、この二つは全く違う意味に感じると言われた。「労働者」は、働く人というだけの意味だが、「社会人」だと、「学生とは違い、自分でちゃんと稼いで、自分の力で生活して立派だ」というようなイメージがあるのだという。| 52 |意味の言葉は、私の国にはないように感じる。ほかの言語にもないのではないだろうか。

　日本では、昔から個人よりも集団を重視する| 53 |と聞く。社会に参加すること、そしてその中で職業を持ち社会の役に立っていくことが大切だということが、この言葉に| 54 |。

50

1　使うべく　　　　2　使おう　　　　3　使われている　　4　使わない

51

1　といっても　　　2　確かに　　　　3　かえって　　　　4　そこで

52

1　このような　　　2　あのような　　3　どちらの　　　　4　それほど

53

1　傾向がある　　　　　　　　　　　2　傾向している
3　傾向にも関わらない　　　　　　　4　傾向にすべきだ

54

1　表れている点だ　　　　　　　　　2　表れても始まらない
3　表れているのかもしれない　　　　4　表れてしまいそうだ

問題10 次の(1)から(5)の文章を読んで、後の問いに対する答えとして最もよいものを、1・2・3・4から一つ選びなさい。

(1)

　近年、スーパーの無人レジや無人コンビニが増えている。食料品店に限らず、様々な店で無人化が進められている。大手衣料品メーカーは商品に電子タグをつけている。商品をレジの横にある箱に入れると、機械が電子タグを読み取り、一瞬にして商品名と値段、合計金額が表示される。袋詰めも客が自分で行う。

　しかし、高級ブランド店などでは、無人レジの導入は難しいのではないかと言われている。高級ブランド店は、客とのコミュニケーションや丁寧なサービスも売りにしているので、会計や袋詰めを客にやらせることには抵抗があるようだ。

55 この文章の内容に合うのはどれか。
1　今後あらゆる店のレジが無人化するだろう。
2　会計のみならず、袋詰めも機械化したほうがいい。
3　レジの無人化は、全ての店に向いているわけではない。
4　無人レジや無人コンビニはサービスがよくない。

(2)

　今年の大学入学共通テストは、各科目の平均点が過去最低となりました。主な理由は、ほとんどの科目において問題文が長くなり、短時間で情報を正確に読み取る力が求められたことで難易度が上がったことです。現在のテストは、これまでに比べて国語が得意な人が有利になっていると言えます。すべての科目が、教科書を読むにしろ、授業を受けるにしろ、高度な日本語を理解する必要があります。例えば、数学の教科書を読むことも、公式や記号を説明する難しい日本語を読んで理解することにほかなりません。

56 筆者の考えに合うのはどれか。
1　現在の共通テストは国語の点の割合が大きいため、国語が得意な人が有利である。
2　現在の共通テストは読解問題が増えているため読解の練習をするべきである。
3　国語が得意な人はそうでない人に比べて全ての科目でいい成績が取れる。
4　国語はすべての科目の基盤なので、積極的に勉強していく必要がある。

(3)

以下は、ある会社の社内文書である。

20XX 年 12 月 10 日

社員各位

総務課長

インフルエンザ予防についてのお願い

　本格的な冬を迎え、インフルエンザの流行が始まっています。インフルエンザの感染防止のため、積極的に予防接種を受けるようにしてください。予防接種を受けた方は総務課に医療機関の領収書をご提出ください。その場合、一人につき 2000 円の補助金を支給します。

　また、手洗いやマスクを着用するなど、各自で工夫し、感染予防の継続にご協力をお願いいたします。

57　この文書を書いた一番の目的は何か。

1　インフルエンザが流行していることを伝える

2　インフルエンザ予防のために手洗いやマスク着用をすることをすすめる

3　インフルエンザの予防接種を受けることをすすめる

4　インフルエンザにかかった社員に 2000 円支給することを伝える

(4)

　「よいリーダー」とはどんな人でしょうか。

　リーダーと言えば、最も実力のある人が先頭（せんとう）に立ち、力強く他の人を引っ張っていくのをイメージする人がいるかもしれません。しかし、そういうリーダーの下で働く社員は常にリーダーの様子を伺い、リーダーについていくのに必死になります。かえって自信がなく、心配症で、社員たちの後ろから全体を注意深く見るタイプの方が、チーム全体の長所や欠点に早く気が付き、必要な指示が出せるというものです。

58　筆者の考えに合うのはどれか。

　　1　よいリーダーとは、実力があり、ほかの社員を力強く引っ張る人である。

　　2　よいリーダーとは、常に様子を伺い、上司についていくことができる人である。

　　3　リーダーに必要なのは、実力ではなく全体を注意深く見る力である。

　　4　リーダーに必要なのは、自信がなくて心配性であることだ。

(5)

以下は、ある通信販売会社から来た通知文である。

ご利用明細書の発行について

　弊社では、環境保全を目的とした紙の使用量を削減する取り組みとして、紙のご利用明細書の郵送からＷＥＢ明細サービス（無料）によるご提供への切り替えをお願いしております。本サービスのご利用にはマイページ登録が必要ですので、登録されていない場合はお早めに登録サイトからのご登録をお願いいたします。

　なお、ご登録がされるまでは紙のご利用明細書を郵送いたしますが、20XX年10月1日より、その分の送料として1通につき90円（税込み）をご負担いただきますので、ご了承ください。

以上、ご理解くださいますようお願い申し上げます。

59 この文書を書いた一番の目的は何か。

1　この会社が環境保全のために紙の使用量の削減に取り組んでいることを伝える

2　利用明細書の利用方法を変更するために早めにマイページ登録をすることを伝える

3　10月1日からWEB明細書を含め利用明細書が有料になることを伝える

4　紙の利用明細書の提供が10月1日に終わることを伝える

問題11　次の⑴から⑶の文章を読んで、後の問いに対する答えとして最もよいものを、１・２・３・４から一つ選びなさい。

⑴

　「プレゼンが苦手」「ビジネス上の人間関係がうまくいかない」という悩みの原因は、多くの
場合「言い方」にあります。もしあなたが仕事中に部下から「○○の件、先方に伝えてもらえま
したか？」と突然声をかけられたら、どう感じるでしょうか？　おそらく乱暴で唐突な印象を抱
くと思います。

　こんなとき、もし「少しお時間よろしいですか」と一言添えられていたら、かなり印象が変
わるのがわかると思います。これを私は「マジックフレーズ」と呼んでいて、話しかけるとき、
冒頭に入れるとすんなりと本題に入れます。「マジックフレーズ」は、一言添えるだけで、相手
の印象がぐっとよくなる「大人のモノの言い方」の代表例です。

　使用する際に、常に意識して欲しいのが「さりげない気配り」と「相手に恥をかかせないこと」
です。ビジネスで何かを説明するとき、とにかく論理的にと考えがちですが、論理だけでは通ら
ないと感じる場面もあると思います。話すことは「頭脳の交換」。論理的に話して頭脳に働きか
けることはもちろん重要です。しかし、人間は感情の生き物でもあります。みなさん「もっとも
だから腹が立つ」という経験はありませんか？

　そんなときに必要なのが「さりげない気配り」です。相手の立場や気持ちを考えて大人の気
配りをすれば、必ず聞く姿勢になってくれます。またそれと同時に「相手に恥をかかせないこ
と」も重要です。例えば、相手が知らないことを説明するときに「常識ですけど」と言い添えて
しまえば、相手は気分を害します。人間の根本にある自尊感情を守るように意識して話してく
ださい。

（櫻井弘監修『大人なら知っておきたいモノの言い方ノート』永岡書店による）

（注１）プレゼン：プレゼンテーション（presentation）

（注２）唐突：突然

（注３）添える：加える

（注４）マジックフレーズ：とても役に立つ言い方（Magic phrase：魔法の言葉）

（注５）さりげない：相手にわからないように行動する様子

（注６）もっとも：その通りだ

（注７）気分を害する：気分を悪くさせる

60 ① <u>人間関係がうまくいかない</u>のはなぜか。

1　聞く姿勢がうまくできていないから

2　感情を伝える話し方をしていないから

3　<ruby>唐突<rt>とうとつ</rt></ruby>で乱暴な言葉を使っているから

4　相手の立場を考えて話していないから

61 ②「<u>大人のモノの言い方</u>」とはどのようなものか。

1　ビジネス上での話し方

2　相手に気配りをした話し方

3　論理的に説明する話し方

4　頭脳に働きかける話し方

62 筆者の考えに合うのはどれか。

1　相手の都合を聞いてから話し始めると、聞いてもらえやすい。

2　自分の印象を変えたいときは、マジックフレーズを使うとよい。

3　仕事のときは、常識的な言い方を使うよう意識してほしい。

4　感情的に話すよりも、論理的に話したほうが印象がよい。

(2)

　精神医学の領域では、一九七〇年代から「仕事となると本気を出せないが、ボランティアや趣味となると生き生きとがんばれる」というタイプの人たちが存在し、少しずつ増えているという現象が注目されていた。

　精神医学者の笠原嘉氏は、こういった傾向の背後に「正業不安」という心理を見ている。「仕①
事となると怖じ気づき、本気に取り組むことができないが、副業や課外活動となると全力投球できる」という人たちは、自分が評価されることをどこかで恐れている。

　だからこそ、仕事の場では「本気は出していないし」という態度を取り、ボランティアや趣味のように「これはあくまで本業じゃなくて遊びだから」と自分やまわりに言い訳ができるような場面だと、逆に一生懸命に取り組むことができるわけだ。もちろん、彼らはそういった課外活動を本業にした瞬間、今度はそちらに真剣に向き合うことができなくなり、休みがちに②
なったり手を抜いたりしてしまう。

「ボランティアに夢中だから、それを足がかりに社会的起業をしたい」という若者はどうなのだろう。彼らにもどこかこの「正業不安」の傾向があり、ボランティアでは大学の授業のように成績がつけられたり、成果主義を問われる会社のように評価が下されたりすることがないからこそ、気楽にのびのびと活動ができるのではないだろうか。

　（中略）

　二〇年後、ボランティアから起業し、社会性と経済性を両立させた若き成功者がゴロゴロと……という社会はちょっと想像しにくいのだが、ここはひとまず、「お金になんかとらわれずに、役立つことをやっていきたい」という若者の誠意をあまり疑わずに信じることにしようか。

（香山リカ『若者のホンネ 平成生まれは何を考えているのか』朝日新書による）

63 ①<u>正業不安</u>とはどんな状態か。

1　仕事だと頑張れないが、副業や趣味だと一生懸命することができる状態

2　ボランティアを一生懸命する分、仕事に力が入らない状態

3　仕事に自信が持てないので、副業で補おうとする状態

4　仕事では満足感が得られないので、副業や趣味でそれを埋める状態

64 ②<u>休みがちになったり手を抜いたりしてしまう</u>のはなぜか。

1　100%の力を出してやったことが、厳しい評価を受けることが怖いから。

2　課外活動を一生懸命やると、仕事をするときに疲れが出てしまうから。

3　本業になると不安な気持ちが生じて、真剣にできなくなってしまうから。

4　本業になると面白みが薄れ、積極的な気持ちになれなくなるから。

65 筆者はどう考えているか。

1　若者たちがボランティアから起業して、社会的に成功することを願っている。

2　正業不安からボランティアに打ち込む面もあると思いつつ、今は見守ろうとしている。

3　若者の言葉を疑う気持ちもある一方で、ボランティア自体はいいことだと思っている。

4　多くの若者が成功するとは思わないが、学生たちのチャレンジ精神は評価したい。

(3)

　私は小学生の一時期をアメリカで過ごした帰国子女だったので、英語はずっと得意科目でした。そのためか、高校時代の先生は、私が大学の英文科に進むものと思っていたようです。得意なものに直結した道に進むのが自然だ、と先生は考えていたのでしょう。

　でも私自身は、とくに英語が好きだったわけではなく、英文科という選択肢は頭にありませんでした。最終的には好きな物理学の道に進み、いまにいたっています。

　自分が得意なことと、探究したいと思うことは、必ずしも一致するわけではありません。私の場合、英文科に進んでいれば、おそらく大学での勉強は楽だったと思います。でも、①それで満足できたかどうかは、また別の問題です。

　むしろ、得意とはいえないけれど好きなものがあって、たとえ人より時間がかかっても、それに取り組んでいるのが幸せと思えるのなら、それを選ぶほうが充足感を得られるはずです。自分が「できること」を選ぶのは、選択基準としてはベストではないと思います。

　（中略）

　大学の学部選びでも、「できること」と「好きなこと」のどちらを優先すべきかと問われたら、私の答えは断然、「好きなこと」です。秀でていなくてもいい。好きなことがあるなら、②それをどんどん追求したほうがいいと思います。

（竹内薫『AI時代の進路の選び方「文系？」「理系？」に迷ったら読む本』PHP研究所による）

（注１）充足感：希望どおりになって十分に満足した感じ
（注２）優先する：他のものより先に扱う
（注３）断然：ここでは、意見がはっきりと決まっている様子
（注４）秀でる：非常に優れている

66 ①それで満足できたかどうかは、また別の問題ですとは、どういうことか。

1　高校で得意なことと大学で勉強したいことは違うことがある

2　楽しいと思えることと満足できることは違うことがある

3　勉強が楽しいと思えたとしても、満足できるかどうかはわからない

4　勉強が簡単だったとしても、満足できるかどうかはわからない

67 ②それは何を指すか。

1　好きなもの

2　得意なもの

3　人より時間がかかるもの

4　今取り組んでいるもの

68　この文章の内容と合っているものはどれか。

1　筆者は英語が得意だったので、大学の英文科に進もうと思っていた。

2　筆者は英語が好きではなかったが、先生の勧めで大学の英文科に進んだ。

3　筆者は大学での勉強は得意なことを選ぶのが一番いいと考えている。

4　筆者は大学での勉強も好きなことを選んだほうが満足できると考えている。

問題12　次のＡとＢの文章を読んで、後の問いに対する答えとして最もよいものを、1・2・3・4から一つ選びなさい。

A

　閉園した遊園地の跡地の利用方法について、議論が交わされている。この遊園地は、40年にわたり市民に愛されてきたので、その跡地も市民のためになるような使われ方をしてほしいものだ。

　例えば、公園やスポーツ施設、保育園などにするのはどうだろうか。子育てがしやすく、豊かに暮らせる環境が整っていれば、この町に住みたいと移住してくる人が増え、人口の減少に歯止めをかけることができるだろう。せっかく広い土地があるので、市民生活の充実が図れるような使われ方がされることを期待したい。

B

　遊園地の跡地の利用方法について、さまざまな意見が出されている。どうすれば広大な土地を有効活用できるだろうか。

　遊園地があったころは、近隣の地域から多くの人が訪れ、町全体に活気が感じられた。あのにぎわいを取り戻すために、跡地には人が集まる施設を作るのがいいのではないだろうか。大規模なショッピングセンターを造れば多くの客が利用し、そこに雇用も生まれる。近くにマンションも建設すれば、住む人が増え、町の人口増加にもつながる。そうなれば、町の経済の活性化につなげることができる。跡地を有効活用して、町の発展に役立ててもらいたい。

69　遊園地があった頃について、ＡとＢはどのように述べているか。

1　Ａは市民生活が充実していなかったと述べ、Ｂは働く場所が少なかったと述べている。

2　Ａは遊園地は市民に愛されていたと述べ、Ｂは町に活気があったと述べている。

3　ＡもＢも、近隣から人が集まって来ていたと述べている。

4　ＡもＢも、土地が有効活用されていなかったと述べている。

70　跡地利用を通してやりたいこととして、ＡとＢのどちらの文章でも述べられている点は何か。

1　子育て環境を充実させる

2　市民生活の質を向上させる

3　この町に住む人を増やす

4　町の経済を盛り上げる

問題 13　次の文章を読んで、後の問いに対する答えとして最もよいものを、1・2・3・
　　　　　4から一つ選びなさい。

　人間の中には悪口を言いたい悪意みたいなものもある。自分の本名も顔も出ないネット空
間ではその悪意が一気に表に出てくるのです。怒りや憎しみしか生み出さない不毛なやり取り
(注1)
に、時間と労力を取られるのはなんとも空しいものだと思います。

　ただ、ネット空間だからこそ起きる誤解もあります。コメントの言い争いの発端を見ると、
(注2)
中にはジョークに過ぎない言葉を真に受けて返され、話がこじれているようなケースも見られ
(注3)
ます。

　短いコメントのような言葉ではなかなか通じないニュアンスがある。これは日常のメールや
(注4)
LINE のやり取りで実感していることではないでしょうか。

　本人は親しみを込めて「バカじゃないの？」と言っているつもりでも、その言葉だけがアッ
プされると、受け取る方は完全否定のように感じてしまいます。

　本来、言葉と言うのは身体表現とセットになっているものです。同じ「バカじゃないの？」
という言葉も、表情やしぐさ、言葉の間合いや響きによってニュアンスがさまざまに変わる。
ネット空間の言葉はそのような身体言語が取り払われたものですから、ニュアンスは伝わりに
くい。

　手紙は文章が長く、文脈の中で解釈できる幅があります。また、面識のある同士でやりとり
(注5)
されます。ネットの言葉はどうしても短い。文脈から解釈するのは難しいのです。

　絵文字が発達してきたのは、言葉だけでは足りない部分を補足するためでしょう。ニュアン
スをできるだけ表現したいということだと思います。

　文字というのは、それだけだと、ある意味冷たいものです。書き言葉だけだと本来の表の意
味が強調され、ニュアンスや裏の意味はまず表に出てきません。
「バカだね」という書き言葉からは、字面通り、相手からの否定のメッセージを真っ先に感じ取
(注6)
ります。
　元来冷たい言葉に悪意を乗せて配信すると、破壊的な力を持ちます。
(注7)
　短い言葉でグサリと刺されると、その痛みがいつまでも残り、自由な思考や行動を奪われて
(注8)
しまいます。

　しかも話し言葉の場合は時間とともに消えますが、書き言葉の場合はずっと記録に残り続け、
同じメッセージを繰り返し発することになる。文字というのは冷たくかつ強いのです。

（齋藤孝『ネット断ち』青春新書による）

（注１）不毛（ふもう）：何も得られるものがない、意味がない。

（注２）発端（ほったん）：始まり

（注３）こじれる：状況が複雑になり、物事がうまく進まなくなる

（注４）ニュアンス：言葉などの微妙な意味

（注５）解釈（かいしゃく）：自分なりに考え、理解すること

（注６）字面（じづら）：言葉が表面的に表す意味

（注７）配信（はいしん）：情報などを送り配ること

（注８）グサリ：ナイフのように鋭く突き刺さる様子

71 「誤解」とは、どのようなことか。

1　短いメールを送ると、読んだ人に失礼だと思われること

2　表したかった意味とは違う形で、読んだ人が解釈（かいしゃく）すること

3　バカという表現は、読んだ人に怒りや憎（にく）しみを与えること

4　悪意はないのに、読んだ人が悪口を書かれたと感じること

72 ネット空間で言葉の意味が伝わりにくいのはなぜか。

1　表情やしぐさがないので、言葉の裏にある気持ちが見えにくいから。

2　名前や顔がわからない人が悪意を表しているから。

3　書き言葉には否定的で冷たいメッセージが多いから。

4　絵文字が多くて、ニュアンスを表現する言葉が足りないから。

73 この文章の内容と合っているのはどれか。

1　文字は冷たく強いので、親しみを表しにくい。

2　短い文章のほうが、言葉のニュアンスを表しやすい。

3　書き言葉では、本来伝えたい意味が伝わりにくい。

4　身体言語があるほうが、相手に意味が伝わりやすい。

問題14 右のページは、ある町のスポーツイベントの案内である。下の問いに対する答えとして最もよいものを、1・2・3・4から一つ選びなさい。

74 原田さんは、さくら市内の中学校に通う子どもと一緒に参加しようと思っている。いくら払えばいいか。

1　1200円

2　1500円

3　1900円

4　2200円

75 松田さんは、大会に参加しようと思っている。どのように申し込めばいいか。

1　10月30日までに電話で申し込む

2　11月6日までにインターネットで申し込む

3　11月16日までにメールで申し込む

4　11月20日に直接行く

歩こう！さくら町ウォーキング大会

今年も「さくら町ウォーキング大会」を行います。
きれいな景色を見ながら、みなさんで歩きませんか。

日　時　11月20日(日)10：00〜

コース　コース：30km、10km、3km

参加条件	小学生以上の方
参加費	大人1500円 家族や知り合いと一緒に参加1200円 （※大人2名以上） 高校生以下700円 ※さくら市内の中学生以下は無料
申込方法	インターネットまたは郵送
申込締切	20XX年11月6日(金) ※当日の申し込みはできません。
参加費の支払方法	クレジットカード払いまたはコンビニ払い。
参加費の支払期限	11月16日(木)

★大会ボランティアも募集しております。ご協力いただける方は、10月30日(金)までにお電話かメールでご連絡ください。

さくら市ウォーキング実行委員会

電話：987-654-3210
e-mail：saura_waiking@ xx.xx.jp
URL：https://www.saura_waiking.xx.jp

模擬試験
第1回

N2

聴　解
ちょう　かい

（50分）

問題1
02~08

問題1では、まず質問を聞いてください。それから話を聞いて、問題用紙の1から4の中から、最もよいものを一つ選んでください。

例

1　しりょうをコピーする
2　しりょうをメールで送る
3　しりょうの内容をチェックする
4　しりょうのグラフを修正する

1番

1　取引先に電話して事情を説明する
2　設計図を作り直す
3　田中さんがファイルを持っているか確認する
4　田中さんにファイルを送ってもらう

2番

1　青山先生に紹介をお願いする
2　学会の会費を払う
3　セミナーに申し込む
4　学会のホームページを見る

3番

1 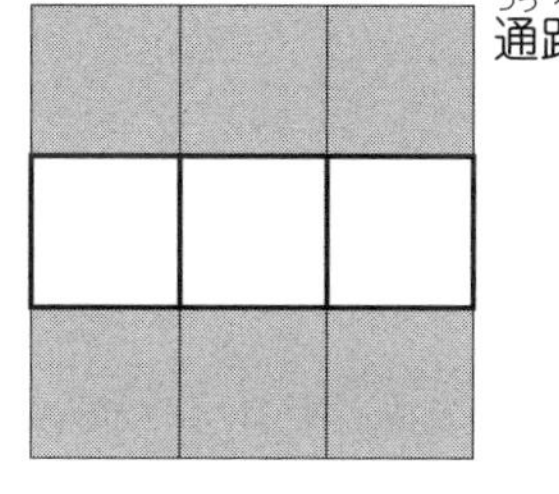 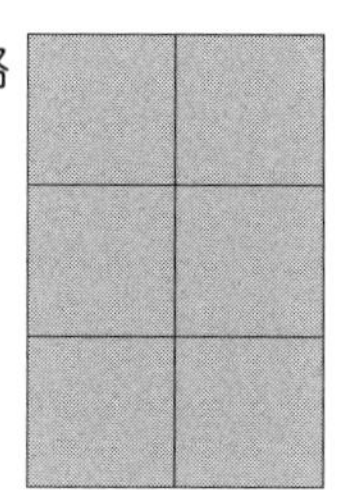

2 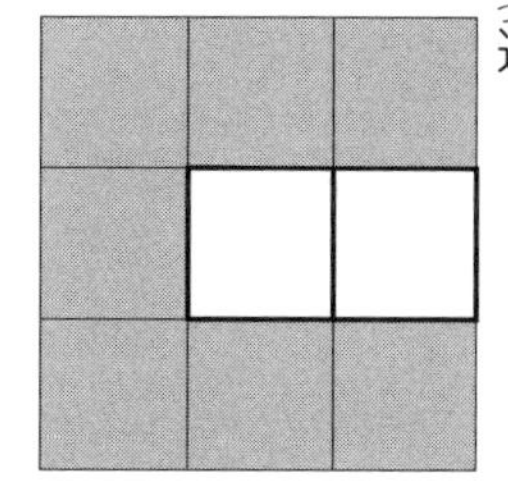 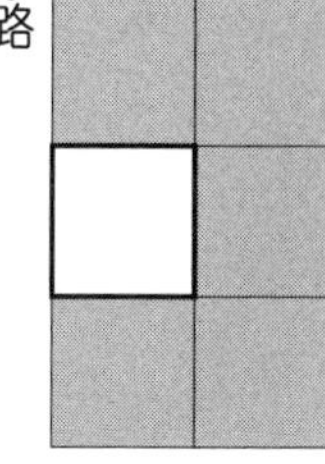

3 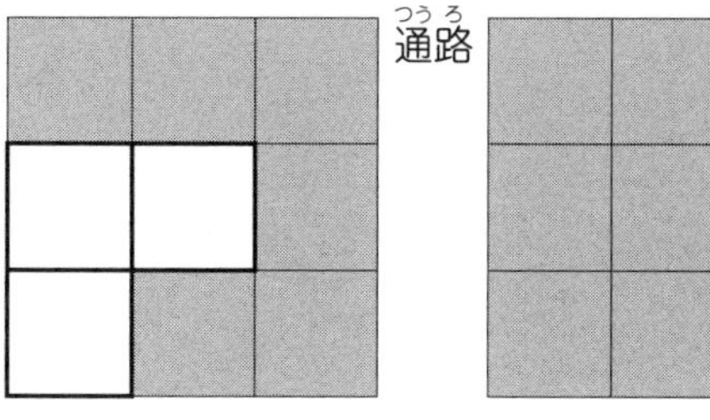 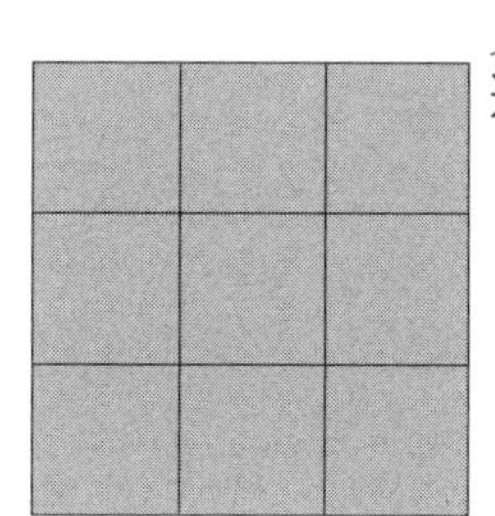

4 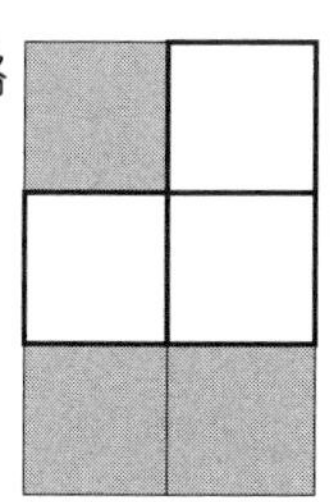

4番

1　引っ越し業者に問い合わせる
2　宅配便で荷物を送る
3　レンタカーを借りる
4　荷物の量を確認する

5番

1　ガソリンを入れる
2　食べ物と飲み物を買う
3　荷物を用意する
4　買ったものを車に入れる

(1st) 09~16 問題2

問題2では、まず質問を聞いてください。そのあと、問題用紙のせんたくしを読んでください。読む時間があります。それから話を聞いて、問題用紙の1から4の中から、最もよいものを一つ選んでください。

例

1　値段が安いから
2　和食の店だから
3　部長が強くすすめるから
4　田中さんが好きな店だから

1番

1　ホテルで働いたことがないから
2　仕事をする時間が長いから
3　日本語で電話するのが得意じゃないから
4　思ったより場所が遠いから

2番

1　会議で検査の日を決めるから

2　検査の日時を間違えていたから

3　ほかの部署の人に頼まれたから

4　検査の日を今日中に確認したかったから

3番

1　一人で静かに過ごしたいから

2　大勢で行くのが好きではないから

3　友達と予定を合わせるのが面倒だから

4　自分が好きなご飯を作れるから

4番

1　スマホの充電がなくなったから

2　アルバイトが予定通りに終わらなかったから

3　自転車が使えなかったから

4　駅の反対側に行ってしまったから

5番

1　セルフレジに慣れない客からクレームが来ること

2　セルフレジには多くの費用がかかること

3　セルフレジを取り入れても、店員の数が変わらないこと

4　セルフレジを置くための十分な場所がないこと

6番

1　自分に合った運動ができるから

2　レストランが無料になるから

3　高校時代の友達に頼まれたから

4　最近太ってきたから

問題3

　問題3では、問題用紙に何も印刷されていません。この問題は、全体としてどんな内容か
を聞く問題です。話の前に質問はありません。まず話を聞いてください。それから質問とせ
んたくしを聞いて、1から4の中から、最もよいものを一つ選んでください。

― メモ ―

問題4

1st
25~38

問題4では、問題用紙に何も印刷されていません。まず文を聞いてください。それから、それに対する返事を聞いて、1から3の中から、最もよいものを一つ選んでください。

— メモ —

問題5

問題5では、長めの話を聞きます。この問題には練習はありません。メモをとってもかまいません。

1番、2番

問題用紙に何も印刷されていません。まず話を聞いてください。それから、質問とせんたくしを聞いて、1から4の中から、最もよいものを一つ選んでください。

― メモ ―

3番

まず話を聞いてください。それから、二つの質問を聞いて、それぞれ問題用紙の1から4の中から、最もよいものを一つ選んでください。

質問1

1 政治・経済入門クラス

2 コーラスクラス

3 折り紙クラス

4 ヨガ入門クラス

質問2

1 政治・経済入門クラス

2 コーラスクラス

3 折り紙クラス

4 ヨガ入門クラス

模擬試験
第2回

N2

言語知識（文字・語彙・文法）・読解

（105分）

問題1 ＿＿＿の言葉の読み方として最もよいものを、1・2・3・4から一つ選びなさい。

1 それを見て驚いた。

1　のぞいた　　　　2　おどろいた　　　　3　はぶいた　　　　4　ぬいた

2 その件については、柔軟に対応しなければならない。

1　しゅうけつ　　　2　じゅうけつ　　　　3　しゅうなん　　　4　じゅうなん

3 田中さんは、ちょっと経験が乏しいと思う。

1　きびしい　　　　2　まずしい　　　　　3　ひとしい　　　　4　とぼしい

4 安いぶん、多少機能は劣る。

1　まける　　　　　2　おとる　　　　　　3　へる　　　　　　4　くだる

5 実践的な内容を学びたい。

1　じっせん　　　　2　じっぜん　　　　　3　じつせん　　　　4　じつぜん

問題2　＿＿＿の言葉を漢字で書くとき、最もよいものを１・２・３・４から一つ選びなさい。

2分（1問15秒）

6 いつも友人と試験の結果をきそっている。

1　競って　　　　2　対って　　　　3　比って　　　　4　争って

7 先生に漢字の間違いをしてきされた。

1　指敵　　　　2　指摘　　　　3　旨敵　　　　4　旨摘

8 昨日から、かぜのしょうじょうがあります。

1　床丈　　　　2　床状　　　　3　症丈　　　　4　症状

9 友達をまねいて、パーティーをした。

1　盈いて　　　　2　邵いて　　　　3　召いて　　　　4　招いて

10 駅までのきょりは約1kmだ。

1　距離　　　　2　距李　　　　3　拒理　　　　4　拒利

問題3 （　　　）に入れるのに最もよいものを、1・2・3・4から一つ選びなさい。

2分（1問15秒）

11　次の表は、国（　　　）のデータになっています。

1　割　　　　　　2　線　　　　　　3　列　　　　　　4　別

12　パスワードを忘れたので、（　　　）設定をした。

1　再　　　　　　2　重　　　　　　3　複　　　　　　4　復

13　明日は（　　　）冬の寒さになるそうだ。

1　実　　　　　　2　主　　　　　　3　本　　　　　　4　真

14　道路（　　　）に、桜の木が植えられている。

1　着き　　　　　2　流れ　　　　　3　並び　　　　　4　沿い

15　この試験の合格（　　　）は、20パーセントくらいだそうだ。

1　均　　　　　　2　率　　　　　　3　割　　　　　　4　等

問題4 （　　　）に入れるのに最もよいものを、1・2・3・4から一つ選びなさい。

4分（1問30秒）

16 （　　　）がないので、大きいベッドは置けません。

1　デザイン　　　　2　バランス　　　　3　ステージ　　　　4　スペース

17 彼の言うことは、（　　　）でうそばかりだ。

1　気軽　　　　2　穏やか　　　　3　素直　　　　4　でたらめ

18 ちゃんと準備をしなかったことを（　　　）ばかりだ。

1　悔やむ　　　　2　暴れる　　　　3　刺す　　　　4　飽きる

19 試合に勝つまで、（　　　）せずに集中しなければならない。

1　被害　　　　2　我慢　　　　3　納得　　　　4　油断

20 お客様からの（　　　）があり、サービスを変更した。

1　面倒　　　　2　苦情　　　　3　論争　　　　4　不便

21 待ち合わせまで1時間あったから、本屋で時間を（　　　）。

1　おとした　　　　2　すべった　　　　3　こわした　　　　4　つぶした

22 いつでもかまいませんので、電話でもメールでも、（　　　）連絡ください。

1　直接に　　　　2　軽々と　　　　3　気軽に　　　　4　率直に

問題5　＿＿＿の言葉に意味が最も近いものを、１・２・３・４から一つ選びなさい。

3分（1問35秒）

23 今週はずっとハードだったので、疲れた。

1　大変だった　　　　2　楽しかった　　　　3　緊張した　　　　4　驚いた

24 当分晴れるだろう。

1　これから　　　　2　きっと　　　　3　すぐ　　　　4　しばらく

25 今回の決定はやむをえない。

1　落ち着かない　　　2　しかたない　　　3　嫌じゃない　　　4　できない

26 父は今日、終日仕事だ。

1　一日中　　　　2　夜まで　　　　3　朝から　　　　4　週末

27 A社は市内に広い土地を所有（しょゆう）しています。

1　売って　　　　2　準備して　　　　3　探して　　　　4　持って

問題6　次の言葉の使い方として最もよいものを、１・２・３・４から一つ選びなさい。

28　最寄り

1　次の最寄りのバスは、10時30分みたいですね。

2　私の考えに最寄りなのは、Ａ案です。

3　子どもたちの中では、娘が一番最寄りに住んでいる。

4　私の家は、最寄りの駅から歩いて５分です。

29　いったん

1　北海道に行ったことがないので、いったん行ってみたい。

2　いったん家を出たが、忘れ物に気づいて帰った。

3　よく聞こえなかったので、もういったん言ってもらえますか。

4　一年にいったんは、国に帰っています。

30　節約

1　明日はテストなので、寝る時間を節約して勉強した。

2　健康のために、食べる量を節約して運動をしている。

3　電気代を節約するため、部屋の電気やエアコンはなるべく消している。

4　今度の旅行は、荷物を節約して小さいかばん一つで行くつもりだ。

31　妥当

1　これだけ便利な機能がついているなら、この値段は妥当だと思う。

2　試着してみたら、ズボンの長さが妥当だったから、これにしました。

3　昨日から友達とケンカしていたけれど、仲直りできて妥当でした。

4　今朝の天気予報で雨が降ると言っていたんですが、やっぱり妥当で降りましたね。

32　めくる

1　壁に汚れがついていたので、掃除のときに洗剤をつけてめくった。

2　次のページをめくると、詳しい説明が書いてあった。

3　母からの荷物が届いたので、わくわくして箱をめくった。

4　玄関のドアをめくると、知らない人が立っていた。

問題7 次の文の(　　　)に入れるのに最もよいものを、1・2・3・4から一つ選びなさい。

6分（1問30秒）

33 今回はこれぐらいのけがで済んだが、一歩間違えたら大事故に(　　　)かねなかった。

1　つながり　　　　2　つながって　　　　3　つながる　　　　4　つながれ

34 佐藤さん(　　　)限って、会議に遅れるなんてことはありえない。何かトラブルがあったに違いない。

1　が　　　　2　だけ　　　　3　に　　　　4　で

35 高校時代の友人たちとは、二十歳のときに同窓会で会った(　　　)、だれとも会っていない。

1　とたん　　　　2　きり　　　　3　だけに　　　　4　どころか

36 この小説は、作者の子どものころの思い出を(　　　)書かれた作品だ。

1　問わず　　　　2　もとに　　　　3　除いて　　　　4　はじめ

37 先輩に「やれるもの(　　　)やってみろ！」と言われて腹が立ったのがきっかけでした。

1　こそ　　　　2　なら　　　　3　には　　　　4　でも

38 田中「先週は出席できなくて、すみませんでした。」
鈴木「いえ。旅行はいかがでしたか。よろしければ、今度お写真を(　　　)。」
田中「もちろん。たくさん撮ったので、見てくれたらうれしいです。」

1　ご覧いただけませんか　　　　　　　　2　ご拝見いただけませんか
3　お目にかかっていただけませんか　　　4　見せていただけませんか

39 やると言った(　　　)は、何があっても最後までやり通すつもりだ。

1　くらい　　　　2　ことに　　　　3　末に　　　　4　以上

40 彼は読書家(　　　)いるが、大して読んでいない。私のほうがずっと読んでいる。

1　ぬいて　　　　2　みせて　　　　3　ぶって　　　　4　がって

41 よく知り（　　　　　）しないで、勝手なことを言わないで。

1　っこ　　　　　　　　2　やら　　　　　　　　3　も　　　　　　　　4　と

42 さすがリーダー（　　　　　）、みんなが疲れているときも、一番忙しく動いていた。

1　をもとに　　　　　　　　　　　　　2　くらいなら

3　のかいがあって　　　　　　　　　　4　なだけあって

43 お年寄りが立っているのに、私が（　　　　　）。

1　座るどころではない　　　　　　　　2　座りたくてたまらない

3　座るにはおよばない　　　　　　　　4　座るわけにはいかない

44 妻「もう！　また、バターを（　　　　　）にして！」

　　　夫「ごめん、ごめん。片づけるよ。」

1　出したきり　　　　　　　　　　　　2　出したことに

3　出しっぱなし　　　　　　　　　　　4　出さずじまい

問題8　次の文の＿★＿ に入る最もよいものを、1・2・3・4から一つ選びなさい。

5分（1問60秒）

（問題例）

あそこで ＿＿＿ ＿＿＿ ＿★＿ ＿＿＿ は山田さんです。

　1　本　　　　　　　2　読んでいる　　　3　を　　　　　　　4　人

（解答のしかた）

1．正しい文はこうです。

あそこで ＿＿＿ ＿＿＿ ＿★＿ ＿＿＿ は山田さんです。

　1　本　　3　を　　2　読んでいる　　4　人

2．＿★＿ に入る番号を解答用紙にマークします。

（解答用紙）　（例）　①　●　③　④

45 先ほど訪れた客は、どれにするか ＿＿＿ ＿＿＿ __★__ ＿＿＿ 買わずに帰った。

  1　あげく　　　　　2　何も　　　　　3　迷った　　　　　4　さんざん

46 薬を飲んで、＿＿＿ ＿＿＿ __★__ ＿＿＿ もうこれ以上やせなくてもいい。

  1　思いをする　　　2　こんなに　　　3　くらいなら　　　4　つらい

47 この試合は ＿＿＿ ＿＿＿ __★__ ＿＿＿ チケットを買うことにした。

  1　並んで　　　　　　　　　　　　　2　生で

  3　何としてでも　　　　　　　　　　4　見たかったので

48 日本社会は、＿＿＿ ＿＿＿ __★__ ＿＿＿ を抱えている。

  1　数々（かずかず）の問題　　　　　　2　少子化や

  3　といった　　　　　　　　　　　　4　長引く不況（ふきょう）

49 この本には、＿＿＿ ＿＿＿ __★__ ＿＿＿ ことが述べられている。

  1　ために　　　　　　　　　　　　　2　生きぬく

  3　ストレス社会を　　　　　　　　　4　必要な

問題9 次の文章を読んで、文章全体の内容を考えて、 50 から 54 の中に入る最もよいものを、1・2・3・4から一つ選びなさい。

フリーマーケット

フリーマーケットを英語で書くと、"free market" だと思っている人が今では多数派かもしれない。しかし、実際は "flea market (flea はノミ、くだらないもの)" が元となっていて、リサイクルの観点から生まれたものだと言われている。そういったこともあり、昔のフリーマーケットのイメージと言えば、使わなくなったものを安く売り買いする場だった。それが時代 50 変化し、最近ではハンドメイドの品物も数多く扱われるようになった。しかも、何の資格も要らず、趣味で作った作品でも、物を売る経験がなくても、だれでもハンドメイド作家になることができる。

50、買い手にとっては、どんな魅力があるのだろうか。アンケートをとってみたところ、売り手だけでなく、買い手にも大きな変化が起こっていた。他者が不要になったものを安く買いたいというわけではなく、 52 世界で一つだけのユニークなものがほしい、自分だけのお気に入りがほしいというように、作品の個性に 53 のだ。

近年では、インターネットやフリーマーケットアプリを通して売り買いができるようになった。また、売られるものもアクセサリーや小物などの 54 、本や食品、電気製品など、幅広く展開されており、フリーマーケットは形を変えながら進化し続けている。

50

  1　に際して　　　　2　を問わず　　　　3　に応じて　　　　4　をもとに

51

  1　それに　　　　2　では　　　　3　あるいは　　　　4　すなわち

52

  1　値段からして　　　　　　　　2　値段のみならず
  3　値段にともなって　　　　　　4　値段はさておき

53

  1　目が向けられている　　　　　2　目を落としている
  3　目に見えている　　　　　　　4　目もくれない

54

  1　雑貨ぬきにして　　　　　　　2　雑貨に限らず
  3　雑貨はさておき　　　　　　　4　雑貨を頼りに

問題10 次の(1)から(5)の文章を読んで、後の問いに対する答えとして最もよいものを、1・2・3・4から一つ選びなさい。

(1)

以下は、音楽イベントを行う会社からのメールである。

バイオリンコンサートツアー中止のご連絡

いつも応援していただき、ありがとうございます。

この度、感染症の拡大を防ぐため、東京、大阪、福岡のコンサートを中止することにいたしました。
(注1)

楽しみにされていた皆様、誠に申し訳ありません。

なお、中止にともなう払い戻しと、振り替えの予定に関しましては、改めてメール
(注2)　　　　　　(注3)
および弊社ホームページにてご案内しますので、チケットは大切にお持ちください。

どうぞ、ご理解いただきますようお願い申し上げます。

ジャパン・ミュージック　スタッフ一同

(注1)感染症：人から人へうつる病気

(注2)払い戻し：払ったお金を返すこと

(注3)振り替え：ここでは、代わりのコンサート

55 大阪のコンサートチケットを買った人は、これからどうすればよいか。

　1　イベントを行う会社に問い合わせる

　2　メールで案内が来るのを待つ

　3　チケットを送り返す

　4　福岡のコンサートに行くかどうか、返事をする

(2)

以下は、クリーニング店の入口に張られたお知らせである。

店舗移転のおしらせ
（注1）

いつも当店をご利用いただきまして、まことにありがとうございます。当店は4月3日(木)より、東山駅ビル1階南口の店舗に移転し、リニューアルオープンいたします。
（注2）

●3月31日(月)10時半以降受け付け分は、4月3日(木)18時の仕上がりとなります。

●4月1日(火)、2日(水)はお休みをいただきます。

●リニューアルオープン当日は、お得な割引サービスを実施予定です。
（じっし）

202X年3月1日

（注1）店舗：店　　　　　　（注2）リニューアルオープン：新たに開店すること

56 この文書の内容に合うのはどれか。

1　3月30日にクリーニングに出せば、4月3日の午前中に仕上げてもらえる。

2　3月31日は10時半以降もクリーニングの受け付けをしている。

3　4月1日、4月2日は今の店舗は営業している。

4　4月3日にリニューアルオープンするので、セール中である。

(3)

島根県は、年間平均気温が12〜15度と、比較的温暖な気候ですが、冬は曇りや雨、雪が
（注1）
多くなるという特徴があります。その中でも、特に県の東側は風が強く、冬になると海からの
気流の影響を受けて寒さが厳しくなります。晴れた日が多く平均気温も高めになる5月頃か、
（注2）
観光シーズンの9月下旬から11月中旬頃が、最も過ごしやすい時期であるといえるでしょう。

（注1）島根県：日本の西の方にある県　　　　　　（注2）気流：空気の流れ

57 島根県の気候について、合っているものはどれか。

1　一年を通して寒さが厳しい地域である。

2　冬は晴れた日が少なく、東側は風が強い日が多い。

3　県の西側は晴れた日が多く気温も高い。

4　5月から9月までが最も過ごしやすい。

(4)

以下は、輸入食品専門店から届いたはがきである。

開店 30 周年記念　お客様感謝セール
〜3月1日から3月30日まで〜

　　毎度当店をご利用いただきありがとうございます。おかげさまで当店は今年30周年を迎えます。お客様への感謝の気持ちをこめて、お客様感謝セールを開催しますのでぜひご利用ください。

お得なサービス①　HAPPY　BAG

通常価格 10000 円相当の商品（コーヒー、紅茶、お菓子など）が、いろいろ入って3000 円でのご提供です！

※数に限りがございますので、お早めにお越しください。

お得なサービス②　はがき持参のお客様のみの特典

通常価格の商品がレジにて 10% OFF になります！

※レジでのお会計の前にお渡しください。

通常価格の商品を買うならこの期間が絶対にお買い得です！

※HAPPY　BAG、セール品、特売品、輸入ワイン以外の酒類、108 円以下の商品は対象外です。
※はがきは一回限りのご利用とさせていただきます。

58 このはがきで紹介されているセールについて、正しいものはどれか。

1　このはがきを持って行けば、HAPPY BAG 以外、店内の全商品が 1 割引きになる。

2　お買い物金額の合計が 10000 円以上の方は、10％の割引になる。

3　このはがきを持って行けば、HAPPY BAG がさらに 10％安くなる。

4　会計の際、このはがきをレジに出すと、1 回だけ通常価格の商品が 1 割引きになる。

(5)

　「後で考えよう」「いつかやろう」と思っていることは、後回しにしたために、結果的に忘れられがちです。しかし、それらをノートに書いて整理することで、優先順位や、どうしたいかが見えてきます。そうすれば、「やろうと思っていること」が「やるべきこと」に、「いつかやろう」が「〇月〇日までにやる」になり、ぼんやりと考えていたことが具体的な行動目標になります。ちょっとしたことですが、習慣にすると、結果の違いが大きくなります。

59　筆者によると、ノートに書くとどうなるか。

1　「後で考えよう」「いつかやろう」と思っていることを忘れなくなる。

2　「後で考えよう」「いつかやろう」と思っていることをすぐやるようになる。

3　あいまいに考えていたことを後回しにしなくなる。

4　あいまいに考えていたことが具体的に計画できるようになる。

問題11 次の⑴から⑶の文章を読んで、後の問いに対する答えとして最もよいものを、1・2・3・4から一つ選びなさい。

⑴

　夜の時間は、雑多な心の迷いをぼんやり考える時間ではありません。

　孔子も、「学ぶ」ということをいろいろ探求する中で、「一日中考え事をする」というのはどういうことかを試してみたことがあったそうです。孔子がするのですから、相当な考え事です。おそらく、その後2500年生きた膨大な人類の中で、最も質の高い考え事でしょう。

　しかし孔子は、「考え事をしても、ほとんど何も得ることがなかった。やはり学ぶほうがいい」と言っているわけです。「学ぶに如かざるなり」と。

　孔子の言う「学ぶ」とは、本を読むということです。ほかの人から学ぶということです。考え事は、学ぶことではありませんからね。他者から学ぶという時間がないといけません。

　他者から学ぶ時間ということであれば、SNSで友達と話すのも学ぶ時間ではないかと思われるかもしれませんが、そうではありません。

　SNSで友達と話すのは、単なるおしゃべりです。学びではありません。自分と同じレベルの人の話を聞くのは、おしゃべりの域を出ません。

　「SNS疲れ」という言葉を耳にするようになって久しくなりました。朝起きてから夜寝るまで、隙あらばスマホをチェックし、友人の投稿や声掛けにリアクションするのでは、疲れて当然です。

　そして疲れる割に、得るものは少ない。これが致命的なのです。

　おしゃべりをしている間は、精神力は育ちません。だいたい、くだらない悩みを相談し合うのがおしゃべりです。心の問題をひたすらこねくり回し合うだけです。夜、これを排除するだけでも、ずいぶんと楽になります。

（齋藤孝『夜型人間のための知的生産術』ポプラ新書による）

（注1）膨大な：非常に大きい

（注2）学ぶに如かざるなり：（自分で考えるだけではだめで）人から学ばなければいけない。

（注3）域：範囲

（注4）隙：あるものとあるものの間がぴったり合っていなくて、空いていること

（注5）投稿：新聞やウェブサイトなどに、自分の意見などを文章にして送ること

（注6）致命的：そのダメージが命にかかわるほど大きい様子

60 筆者によると、他者から学ぶとはどのようなことか。

1　多くの人の話に耳を傾けること

2　友達など周りの人に悩みを相談すること

3　すぐれた作家たちの文学作品に親しむこと

4　自分にない知識や経験を持つ人から教わること

61 致命的とあるが、どのようなことが致命的なのか。

1　スマホから離れられなくなって、疲れきってしまうこと

2　友達に対して、ちゃんとした対応ができなくなること

3　たまった疲れによって、心の問題が生じてしまうこと

4　いくら努力や苦労をしても、何の効果もないこと

62 夜の過ごし方について、筆者の考えに合うのはどれか。

1　夜は悩みごとをじっくり考えるのに適している。

2　SNSは夜だけに限ったほうがよい。

3　夜のSNSを控えて、その分、読書をするのがいい。

4　学習の効果は、実は朝より夜のほうが高い。

(2)

　以下は、短歌(五・七・五・七・七の31音で作られる詩)について書かれた文章である。

　歌集『サラダ記念日』が英訳されるにあたって、翻訳者のかたから、こまかな質問を受けたことがある。たとえば、表題となった一首。
（注1）

　「この味がいいね」と君が言ったから七月六日はサラダ記念日

　「このサラダ記念日は、MY サラダ記念日ですか？　OUR サラダ記念日ですか？」
　「えっ？」

　私の記念日なのか、私たちの記念日なのか……。英語では冠詞をつける関係上、そこのところを、はっきりさせなくてはならないという。
（注2）

　今日を記念日にしよう、と思ったのは私である。だから MY だろうか。でも、今日という日が記念日になるのは、二人で過ごしたからこそ、だ。だったら OUR かもしれない。（中略）

　言語によって、はっきりさせるところが違うというのは、おもしろい体験だった。

　もちろん、短歌の翻訳というのは、意味があっていればいいというものではない。作者に短歌を作らせた「心の揺れ」をつかみ、それを別の言語で詩的に表現するという、大変な作業だ。特に五・七・五・七・七という日本語独特のリズムは、翻訳者泣かせである。これは、はっきり言って、翻訳不可能だと思う。五音七音が心地よいのは、日本語だからであって、それを無理やり他の言語で、拍数合わせをやっても意味がない。ただ、できるだけリズミカルな、口ずさんで調子がいい言葉にしてほしいな、とは思う。これは英語にかぎらず、どんな言語に翻訳されるときにも願うことの一つだ。あとは、できるだけシンプルに、そしてストレートで自然な表現を希望する。それだけ（といっても、ずいぶん注文が多くて恐縮ですが）を伝えて、あとは翻訳者のセンスにまかせるしかない。

（俵万智『言葉の虫めがね』角川書店による）

（注1）表題：本の表紙に書かれる題名
（注2）冠詞：英語の "a/an"、"the" のような、名詞の前に付けられる語
（注3）〜泣かせ：〜をとても困らせること
（注4）拍数合わせ：ここでは、音の数が31音になるようにすること
（注5）口ずさむ：歌などを気の向くままに声に出して歌う

63 この文章を書いたのは誰か。

1　短歌の作者

2　短歌の翻訳者

3　短歌の批評家

4　歌集の編集者

64 「そこのところ」とは何を指すか。

1　誰が「サラダ記念日」と決めたか

2　誰の「サラダ記念日」か

3　冠詞とは何か

4　冠詞が必要かどうか

65 筆者は短歌の翻訳についてどのように考えているか。

1　日本語独特のリズムを翻訳することはできないから、意味が合っていれば十分だ。

2　短歌はリズムが大事だから、たとえ難しくてもリズムもそのまま翻訳するべきだ。

3　率直で自然な言い方で、読んだときにリズムのある翻訳がいい。

4　どのように翻訳するかは、すべて翻訳者のセンス次第だ。

(3)

　多くの人は、本は最初のほうから、順に読んでいくものだと思っているでしょう。もちろん、小説は最初から読んでいくのが王道です。
　　　　　　　　　　　　　　　　　　　　（注１）

　しかし新書などの論説文の場合は、読む順番を変えるのも一つの方法です。
　　　（注２）　　　（注３）

　まず、目次を眺めて結論部分らしき章をすばやく見つけます。

　それらしいところが第三章にあれば、第三章の小見出しをチェックし、そこから読みはじめます。あるいは最終章に結論が書いてあると思ったら、最後から読みはじめるのです。

　つまり、目的をはっきりさせたうえで逆算するということです。
　　　　　　　　　　　　　　　　　　（注４）

　速読する場合、一字一句を読み込むことが目的ではないのは言うまでもありません。あくまで、その本の内容を理解することが主な目的です。ですから、まず、「本の内容を要約できればいいんだ」というゴールをはっきりさせることです。
　　　　　　　　　　　　　　　　　　　　　　　　　　　　　　（注５）

　その目的を達成するためには、頭から均等に読む必要は一切ない。大事なところから読めばいいということになります。このように本を逆から読む方法を、私は「逆算読書法」と呼んでいます。速読術をマスターしたい人には、ぜひとも覚えておいてほしいテクニックです。

　もちろん、この読み方がすべての本に通用するわけではありません。

　純文学や推理小説で「逆算読書法」をやったら最悪です。
　（注６）　　（注７）
　（中略）

　それでも論説文ならば、「逆算読書法」は大いに活用するべきだと思います。

　　　　　　　　　　　（齋藤孝『読む・書く・話すを極める　大人の言語スキル大全』KADOKAWA による）

（注１）王道：基本的な方法や手段

（注２）新書：持ち運びに便利な縦長で小さめの本

（注３）論説文：あるテーマについて筆者が自分の意見を述べる文章

（注４）逆算：あとの方から前へ逆に数えること

（注５）要約：文章などの要点をとりまとめること

（注６）純文学：純粋な芸術性を目的に書かれる小説

（注７）推理小説：犯罪に関する真実を少しずつ明らかにしていく小説

66 筆者によると、新書などで論説文を読む場合、まず何をすればよいか。

1　最初から順に読む

2　目次を眺める

3　第三章から読む

4　最終章から読む

67 その目的とは何か。

1　大事なところだけ読むこと

2　一字一句を丁寧に読むこと

3　最初から読んでいくこと

4　本の内容を理解すること

68 「逆算読書法」について、筆者の考えに合うのはどれか。

1　「逆算読書法」は論説文だけに使える。

2　「逆算読書法」とは、本を最終章から読むことである。

3　「逆算読書法」を使わないほうがいい本もある。

4　「逆算読書法」が使えなければ、速読ができるようにならない。

問題12　次のＡとＢの文章を読んで、後の問いに対する答えとして最もよいものを、１・２・３・４から一つ選びなさい。

Ａ

　海を漂うプラスチックごみを海の生き物がえさと間違えて食べてしまい、命を落とすという話を最近よく聞く。そんなに海や川へごみをポイ捨てする人が多いのかと思ったら、実は、街の中に散らばるごみが、風に飛ばされたり雨に流されたりして、最終的に海に流れ着いているのだそうだ。この街中のごみは、ポイ捨てされたものだけでなく、ごみ袋の口がしっかり結ばれていなかったり、カラスにごみ袋をつつかれて破れてしまったりしたせいで、散らばってしまったものもある。

　海洋プラスチックごみの問題を解決するためには、ごみの量を減らすこともももちろん重要であるが、海へと流出させないよう、ポイ捨てをしないこと、正しくごみを出すことを徹底させることも必要だろう。

Ｂ

　最近あるコーヒーチェーン店で飲み物を買ったら、ストローが紙製になっていることに気づいた。これは、海洋汚染の原因の一つとなっているプラスチックごみを減らすための取り組みだという。

　確かに、代わりに紙を使えば、プラスチックごみの量は減るだろう。しかし、紙は二酸化炭素を吸収してくれる木を原料とし、生産にはプラスチックよりも多くのエネルギーが必要だと言われる。そう考えると、ただ単に紙に置き換えればいいとは言い切れないのではないか。

　プラスチックごみを削減したかったら、何よりも使い捨てをやめることだろう。１回使ったら終わりのストローのほか、スーパーなどでの商品の過剰包装もやめれば、プラスチックごみはずいぶん減るに違いない。

（注）ポイ捨て：ごみ箱などの捨ててもいい場所以外にごみを捨てること

69　ＡとＢのどちらの文章にも触れられている点は何か。

1　プラスチックごみの問題点

2　プラスチックごみが増えた原因

3　プラスチックごみを減らす方法

4　プラスチック製品の利点

70　プラスチックごみについて、ＡとＢはどのように述べているか。

1　ＡもＢもプラスチックごみを減らすのは難しいと述べている。

2　ＡもＢも環境保護のためにプラスチックごみを減らさなければならないと述べている。

3　Ａは海にプラスチックごみが多い原因は海へのポイ捨てであると述べ、Ｂはプラスチックごみを減らすために紙製品に置き換える必要があると述べている。

4　Ａはプラスチックごみが海へ流れ出ることを防ぐ必要があると述べ、Ｂは使い捨てをやめることでプラスチックごみは減ると述べている。

問題13 次の文章を読んで、後の問いに対する答えとして最もよいものを、1・2・3・4から一つ選びなさい。

10分

（前略）

　敬語というのは、上下だけではなく親疎をも表すということが、とても大切なポイントだ。親疎というのは、つまり親しいかそうでないかということで、親しい間柄（注1）になればなるほど敬語の量は少なくなる。立場が対等であっても、初対面なら敬語を使うし、たとえ年上の相手であっても、恋人ならば敬語は使わない。

　教師をしていたとき、私が悩んだことの一つは、生徒を呼び捨てにするかどうかということだった。ベテランの先生はたいてい、「おーい、山田、そのプリントとってくれ」とか「安井、どうしたの。このごろ元気ないじゃない？」というように、生徒を呼び捨てにしている。が、私にはどうしても抵抗があった。いくら自分が目上の立場にあるからといって、あまりにぞんざい（注2）な感じだ。生徒とは一人の人間として、その意味では対等につきあいたい、そう思って私はずっと「山田くん」「安井さん」と、男子にはくん付け、女子にはさん付けを通していた。

　が、あるとき一人の女生徒に、「先生さー、なんで『さん』つけるの？　なんかすっげぇ、よそよそしい（注3）感じ」と言われて、ちょっとショックだった。生徒のほうでは、そんなふうに感じるのか、と思った。つまり呼び捨てにするというのは、上下を強めるのではなく、親疎の親を強めるほうに、はたらくのだった。

　結局私は、それでもずっとさん付けを通した。自分自身がしっくりこない（注4）表現は、やはりするべきではないと思ったから。もっとベテランになって、いつかは呼び捨てのほうが自然に思えるときがくるかもしれない、そうしたら呼び捨てにしよう。無理をして作った親しさなんて、しかたないよね……と、そうこうしているうちに教師の職をしりぞく（注5）ことになったのですが。

　このように、呼び方ひとつとっても、<u>上下と親疎とのかねあい（注6）というのは、なかなかむずかしい</u>。男女のあいだでも、呼び方が変わるときというのは、関係が変わるときだ。そのタイミングを間違えると、関係までぎくしゃくしてしまいかねない。これまで「○○さん」だったのが、呼び捨てになったり、「おまえ」（注7）になったり、というタイミング。そう呼ばれてこちらが嬉しいときと、なによ馴れ馴れしいわねと不快に感じるときと。けっこう分かれ目である。逆に、いつまでも他人行儀（注8）な言葉遣いに、イライラしたりすることもある。

　つまり、ただ敬語の使い方を知っているだけでは、充分といえないのだ。その折々（注9）の人間関係を見極める（注10）目がなくては。

（俵万智『言葉の虫めがね』角川書店による）

（注１）間柄：人と人との関係

（注２）ぞんざい：物事を適当にすること、言うことや行動が乱暴であること

（注３）よそよそしい：他人のようで、親しい感じがしない

（注４）しっくりくる：ぴったり合う感じがする

（注５）しりぞく：辞める、引退する

（注６）かねあい：二つのものがうまくつりあうこと

（注７）ぎくしゃくする：関係などが自然ではなくなる

（注８）他人行儀：親しい関係なのに、親しくないように行動すること

（注９）折々：その時その時

（注10）見極める：十分に検討した上で判断する

71　教師が生徒を呼び捨てにすることについて、筆者の考えと合わないものはどれか。

1　生徒に親しみを感じてもらうために、呼び捨てにしたほうがいい。

2　生徒は年下だが、対等に付き合いたいから、呼び捨てにはしたくない。

3　呼び捨てにすることで、生徒は教師に親しみを感じることもある。

4　生徒を呼び捨てにすることが自然だと思えれば、呼び捨てにしてもいい。

72　上下と親疎とのかねあいというのは、なかなかむずかしいとあるが、その例として適当でないものはどれか。

1　ベテランの教師が生徒を呼び捨てにする

2　教師が生徒を呼び捨てにしなかったら、「よそよそしい」と言われる

3　親しくないのに、呼び捨てをされたり「おまえ」と呼ばれたりする

4　いつまでも親しくない関係のような話し方をされる

73　敬語について、筆者はどのように考えているか。

1　上下だけでなく、親疎の関係も表すから、使えることは大切だ。

2　上下関係だけでなく、相手との親しさも考慮に入れなければならないから、面倒くさい。

3　あまり敬語は使わないで、相手と親しい関係になったほうがいい。

4　使い方がわかるだけではなく、相手との関係を正確に判断できることも必要だ。

問題14　右のページは緑山市の文化祭の案内である。下の問いに対する答えとして最もよい
ものを、1・2・3・4から一つ選びなさい。

[74] リンさんは3月5日の午後に8歳の子供と2人で参加したいと思っている。午前は仕事
があるので行けない。リンさんが申し込めるのはどれか。

1　「ミュージカル体験」と「ミステリー探検」と「人形作り」

2　「ミュージカル体験」と「ミニコンサート」と「キッズストリート」

3　「ミュージカル体験」と「キッズストリート」と「サーカス」

4　「ミュージカル体験」と「ミステリー探検」と「サーカス」

[75] チャンさんは3歳の子供と5歳の子供と夫と4人で「人形作り」に参加したいと思って
いる。参加費はいくらになるか。

1　2000円

2　1500円

3　3500円

4　1000円

緑山市 春の市民文化祭

3月5日・3月6日
ミュージカル体験
みんなで楽しく歌って踊ろう！

〈対象：小学生以上：60分〉

① 12：00 〜（受付 11：30）
② 16：00 〜（受付 15：30）
各　500円／人

定員
各20名

3月6日
人形作り

ウサギやネコなど好きな動物を作ろう！
完成したら作った人形を動かして遊びます。

〈対象：幼児以上／80分〉

① 10：30 〜（受付 10：15）
② 13：00 〜（受付 12：30）
③ 15：15 〜（受付 15：00）
各　500円／人　＊保護者無料

定員
各15名

3月5日・3月6日
キッズストリート

輪投げや魚釣りなどのゲームをしよう！
小さなお子様からお楽しみいただけます。

〈無料：要整理券〉
① 10：00 〜 10：30　② 11：00 〜 11：30
③ 12：00 〜 12：30　④ 14：00 〜 14：30
⑤ 15：00 〜 15：30　⑥ 16：00 〜 16：30

整理券配布時間（当日）
①②③ 9：30 〜、④⑤ 11：00 〜、
⑥ 13：00 〜

定員
子ども
各20名

3月5日・6日
ミステリー探検（たんけん）

参加者が謎（なぞ）解きに挑戦する体験型演劇！

〈対象：10歳以上／90分〉

① 10：30 〜（受付 10：15）
② 13：00 〜（受付 12：45）
③ 15：30 〜（受付 15：15）
各 500円

定員
各20名

3月5日
サーカス

すごい技を見て笑って楽しもう！

〈対象：幼児以上／40分〉

16：00 〜（受付 15：30）
1,000円／全席自由席

定員
各80名

3月6日
ミニコンサート

有名映画やアニメの曲を楽しもう！

〈対象：幼児以上／40分〉

16：00 〜（受付 15：30）
1,000円／全席指定

定員
各80名

模擬試験

第2回

N2

聴　解
ちょうかい

（50分）

2nd 問題1
02~08

問題1では、まず質問を聞いてください。それから話を聞いて、問題用紙の1から4の中から、最もよいものを一つ選んでください。

例

1　しりょうをコピーする
2　しりょうをメールで送る
3　しりょうの内容をチェックする
4　しりょうのグラフを修正する

1番

1　報告書を提出する
2　山田さんに確認する
3　会議の資料を準備する
4　取引先の人に会う

2番

1　学生課の総合受付に行く

2　大学のホームページで申込書を探す

3　申込書を印刷する

4　学生課で免許証をコピーする

3番

1　今から行ける病院を探す

2　インフルエンザの検査を受ける

3　タクシーを呼ぶ

4　横になって休む

4番

1　どのコースを頼むか
2　何人分用意すればいいか
3　使わないでほしい材料はないか
4　デザートは何がいいか

5番

1　鈴木さんにギターを習う
2　楽器店でギターを買う
3　ギター教室に参加する
4　インターネットでギターの弾き方を調べる

⓶ⁿᵈ 問題2
9~16

問題2では、まず質問を聞いてください。そのあと、問題用紙のせんたくしを読んでください。読む時間があります。それから話を聞いて、問題用紙の1から4の中から、最もよいものを一つ選んでください。

例

1 値段が安いから
2 和食の店だから
3 部長が強くすすめるから
4 田中さんが好きな店だから

1番

1 資料のグラフや図が大きすぎたこと
2 資料のデータが古かったこと
3 資料の説明が不足していたこと
4 資料の文字が多すぎたこと

2番

1　大学での教育レベルが低いこと

2　大学院が入りにくくなること

3　大学院を出た人への評価が低いこと

4　研究者をめざす人が減ること

3番

1　拭き掃除ができる

2　長い時間充電しなくても使える

3　電気代が節約できる

4　自動で掃除機にたまったごみを捨てる

4番

1　新しい仕事を覚えたかったから
2　給料が不満だったから
3　仕事が終わるのが遅かったから
4　母親が入院したから

5番

1　雪がたくさん積もったから
2　電気関係の問題が起きたから
3　電車の事故があったから
4　滑ってけがをした人がいたから

6番

1 棚など、家具の固定をする
2 近所の小学校までの行き方を決める
3 非常用の食べ物や水の用意について考える
4 ガスや電気が止まらないように気をつける

②2nd 18~24 問題3

問題3では、問題用紙に何も印刷されていません。この問題は、全体としてどんな内容かを聞く問題です。話の前に質問はありません。まず話を聞いてください。それから質問とせんたくしを聞いて、1から4の中から、最もよいものを一つ選んでください。

—　メモ　—

⓶nd 25~38 問題4

問題4では、問題用紙に何も印刷されていません。まず文を聞いてください。それから、それに対する返事を聞いて、1から3の中から、最もよいものを一つ選んでください。

― メモ ―

2nd 39~42 問題5

問題5では、長めの話を聞きます。この問題には練習はありません。メモをとってもかまいません。

1番、2番

問題用紙に何も印刷されていません。まず話を聞いてください。それから、質問とせんたくしを聞いて、1から4の中から、最もよいものを一つ選んでください。

— メモ —

3番

まず話を聞いてください。それから、二つの質問を聞いて、それぞれ問題用紙の1から4の中から、最もよいものを一つ選んでください。

質問1

1　一日型
2　短期型
3　長期型
4　オンライン型

質問2

1　一日型
2　短期型
3　長期型
4　オンライン型

模擬試験
第3回

N2

言語知識（文字・語彙・文法）・読解

（105分）

問題1　＿＿＿＿の言葉の読み方として最もよいものを、1・2・3・4から一つ選びなさい。

1分（1問10秒）

1　病院に入るときは、手を消毒してください。

1　しょうどうく　　　2　しょどく　　　3　しょうどく　　　4　しょどうく

2　日中はスーパーで働いている。

1　ひちゅう　　　2　にちなか　　　3　ひなか　　　4　にっちゅう

3　今日は湿度が高い。

1　しつど　　　2　しっど　　　3　おんど　　　4　おっど

4　腕にけがをした。

1　くび　　　2　あし　　　3　こし　　　4　うで

5　このパソコンは操作が簡単だ。

1　そうじゅう　　　2　そうさ　　　3　そうさく　　　4　そうぞう

問題2　＿＿＿の言葉を漢字で書くとき、最もよいものを１・２・３・４から一つ選びなさい。

6 会社のデータをかんりする。

1　菅里　　　　　2　管理　　　　　3　官理　　　　　4　管里

7 昨日からずっと頭がいたい。

1　症い　　　　　2　病い　　　　　3　疲い　　　　　4　痛い

8 2階の部屋はとてもせまい。

1　狭い　　　　　2　抹い　　　　　3　挟い　　　　　4　独い

9 ジュースにこおりを入れます。

1　水　　　　　　2　永　　　　　　3　氷　　　　　　4　凍

10 このあたりに小さな花屋があった。

1　辺り　　　　　2　当たり　　　　3　与り　　　　　4　周り

問題3　（　　　）に入れるのに最もよいものを、1・2・3・4から一つ選びなさい。

2分（1問15秒）

11　日本はますます高齢（　　）が進んでいる。

1	感	2	性	3	的	4	化

12　動物園の入場（　　）を払う。

1	金	2	料	3	費	4	賃

13　この絵はまだ（　　）完成だ。

1	無	2	未	3	不	4	非

14　この町は若者が減り、働き（　　）が足りていない。

1	人	2	手	3	足	4	方

15　彼の歌は（　　）世界で知られている。

1	全	2	総	3	満	4	完

問題4 （　　　　）に入れるのに最もよいものを、1・2・3・4から一つ選びなさい。

16 昨日の会議は、A社とわが社の方針が（　　　　　）したので早く終わった。

1　一貫（いっかん）　　　　2　一転（いってん）　　　　3　一定（いってい）　　　　4　一致（いっち）

17 あの先生の講義はいつも難しすぎて、（　　　　）わかりません。

1　がっちり　　　　2　さっぱり　　　　3　じっくり　　　　4　きっちり

18 太陽光発電は設置に莫大（ばくだい）な（　　　　）がかかる。

1　メリット　　　　2　エネルギー　　　　3　コスト　　　　4　カロリー

19 インターネットの書き込みを（　　　　）するのは簡単ではない。

1　削除（さくじょ）　　　　2　除去（じょきょ）　　　　3　消失（しょうしつ）　　　　4　消化（しょうか）

20 昨日の晩、外が（　　　　）くて、あまり寝られなかった。

1　めざまし　　　　2　さわがし　　　　3　おし　　　　4　まぶし

21 この駅の階段は老人や体の不自由な人には（　　　　）だろう。

1　おそい　　　　2　険しい　　　　3　あやうい　　　　4　きつい

22 自分にはない他人の良さを（　　　　）、良き友人を得られる。

1　取り寄せれば　　　　2　認め合えば　　　　3　見通せば　　　　4　受け取れば

問題5 ＿＿＿の言葉に意味が最も近いものを、1・2・3・4から一つ選びなさい。

23 このユニークなデザインのバッグは、旅先でたまたま手に入れたものです。

   1　漠然　　　　　　2　自然　　　　　　3　偶然　　　　　　4　突然

24 授業中、後ろの席の学生の立てる音で気が散ってしまった。

   1　集中できなかった　　　　　　　2　気にならなかった

   3　落ち着かなかった　　　　　　　4　気がおさまらなかった

25 彼は注意力に欠けているようだ。

   1　矛盾して　　　　2　割れて　　　　　3　折れて　　　　　4　不足して

26 困難な仕事でも努力を続けて取り組めば、少しずつ成果がみえてくるものだ。

   1　一生懸命　　　　2　がんばって　　　3　こつこつ　　　　4　注意深く

27 子供が急に泣き出したが、お菓子をもらったとたんに泣き止んだ。

   1　時に　　　　　　2　うちに　　　　　3　場合に　　　　　4　すぐに

問題6　次の言葉の使い方として最もよいものを、1・2・3・4から一つ選びなさい。

5分（1問60秒）

28　移転

1　妹が去年京都から名古屋へ移転してきた。

2　このビルは地震に耐えられるよう移転の工事中です。

3　本社ビルが東京から北海道に移転することになった。

4　最近、大都市から地方に移転する人が増えている

29　いたわる

1　イベントが成功に終わったので、皆でいたわった。

2　もう若くないんだから、もう少し体をいたわったほうがいい。

3　彼はSDGsに関連する事業について発表するので、皆でいたわった。

4　ずっといたわっていた小鳥が死んでしまい、祖母は悲しんでいた。

30　やっと

1　子供とゲームするときは、やっと負けてやることはしない。

2　長い冬が終わり、やっと春の花々の芽が出てきた。

3　この映画は面白くて、やっと5回も見てしまった。

4　10年以上使っていた洗濯機がやっと壊れてしまった。

31　変更

1　医師に食生活を変更したほうがいいと言われた。

2　気候の変更は体調にも影響する。

3　本社から急に予定の変更を告げられた。

4　リモコンの電池を変更した。

32　見当（けんとう）

1　二人の話は見当（けんとう）がずれていて、話がまとまらない。

2　イベントの日程について見当（けんとう）がなされた。

3　あの巨大な建物の建築費は見当（けんとう）がつかない。

4　昨日は会議の見当（けんとう）が出なかった。

問題7 次の文の（　　　）に入れるのに最もよいものを、1・2・3・4から一つ選びなさい。

6分（1問30秒）

33 A社の製品は少し高い（　　　）、品質がいいのでよく売れる。

1　どころか　　　　2　ものの　　　　3　一方で　　　　4　というよりは

34 人手不足は日本の農家（　　　）深刻な問題である。

1　に対して　　　　2　に即して　　　　3　に向けて　　　　4　にとって

35 高齢化と人口減少による税収不足が進むと、現在の社会保障制度は（　　　）。

1　崩れるわけではない　　　　　　　　2　崩れがちだ
3　崩れかねない　　　　　　　　　　　4　崩れぎみだ

36 ピクトグラムは、何らかの情報や注意を示す（　　　）作られた視覚記号のひとつだ。

1　ので　　　　　2　ことで　　　　3　ために　　　　4　もとに

37 その新薬は、予定通り国に承認された。（　　　）、その安全性や有効性には疑問が残る。

1　または　　　　2　さらに　　　　3　ただ　　　　4　かつ

38 高橋「森さん、先週マラソンで痛めた足、治った？」
森　「うん、もう（　　　）ないよ。歩いても全然痛くない」
高橋「それは、よかったね」

1　何かと　　　　2　何でも　　　　3　何だか　　　　4　何とも

39 子供たちの安全のため、親たちが学校の帰り道の周辺を（　　　）いる。

1　見回って　　　　2　見通して　　　　3　見つめて　　　　4　見直して

40 常にアンテナを張って、世の中の動きに注意する（　　　）。

1　せいだ　　　　2　べきだ　　　　3　ほどだ　　　　4　ところだ

41 忙しくて、人の仕事を手伝う（　　　）ではない。

1　わけ　　　　2　もの　　　　3　こと　　　　4　どころ

42 外国語を学ぶ（　　　　　）大事なことは、覚えるまで繰り返し学習することだ。

  1　ながら　　　　　　　2　後で　　　　　　　3　ゆえに　　　　　　　4　上で

43 3年かかって（　　　　　）資格をとったのに、いま担当する仕事に生かせない。

  1　やっと　　　　　　　2　急いで　　　　　　　3　やがて　　　　　　　4　とうとう

44 受付：いらっしゃいませ。

  高橋：MMC商事の高橋と申します。総務部長の中山様に（　　　　　）。

  受付：失礼ですが、お約束がございますか。

  高橋：ええ、4時に。

  受付：さようでございますか、少々お待ちください。

  1　会いたいんですが　　　　　　　　　　2　お目にかかりたいんですが

  3　伺いたいんですが　　　　　　　　　　4　お聞きしたいんですが

問題8　次の文の＿★＿に入る最もよいものを、1・2・3・4から一つ選びなさい。

（問題例）

あそこで ＿＿＿＿ ＿＿＿＿ ＿★＿ ＿＿＿＿ は山田さんです。

　1　本　　　　　　　2　読んでいる　　　3　を　　　　　　　4　人

（解答のしかた）

1．正しい文はこうです。

> あそこで ＿＿＿＿ ＿＿＿＿ ＿★＿ ＿＿＿＿ は山田さんです。
>
> 　1　本　　3　を　　2　読んでいる　　4　人

2．＿★＿に入る番号を解答用紙にマークします。

（解答用紙）　│（例）　① ● ③ ④│

[45] 急速に温暖化が進み、今後は ＿＿＿ ＿＿＿ ★ ＿＿＿ 重要となってきます。

1　現在のエネルギー事情を　　　　　　　2　たよりがちな

3　改善することが　　　　　　　　　　　4　石油に

[46] 日本には食べ物があふれている一方で、＿＿＿ ＿＿＿ ★ ＿＿＿ 人がいる

1　悩んでいる　　　　　　　　　　　　　2　どう選んでいいか

3　わからず　　　　　　　　　　　　　　4　体にいいものを

[47] このデータから ＿＿＿ ＿＿＿ ★ ＿＿＿ 変化してきていることがわかる。

1　人々の考えも　　　　　　　　　　　　2　働き方に対する

3　多様化に伴い　　　　　　　　　　　　4　ライフスタイルの

[48] 外国人の採用を ＿＿＿ ＿＿＿ ★ ＿＿＿ 、積極的に活用しようという企業も多く
なってきた。

1　企業も　　　　　2　ある　　　　　3　一方で　　　　　4　敬遠する

[49] 宅配サービスは、買いたい商品があるときに、＿＿＿ ＿＿＿ ★ ＿＿＿ ことがで
きるところに価値がある。

1　手に入れる　　　　2　ことなく　　　　3　移動する　　　　4　みずから

問題9 次の文章を読んで、 50 から 54 の中に入る最もよいものを、1・2・3・4 から一つ選びなさい。

6分（1問70秒）

以下は、新聞のコラムである。

オートミールでダイエット

　最近、オートミールの人気が高まっています。テレビの健康番組や雑誌などで多く 50 。オートミールは、穀物の一種である「オーツ麦」を原料とする食品です。ダイエットに効果的で、 51 、一般的な主食（ご飯やパン）よりもビタミンやミネラルが豊富に含まれているので、ダイエット中に 52 栄養素を無理なく補うことができます。オートミールがダイエットに役立つ3つの理由はまず、血糖値（けっとうち）の数値がパンや白米（はくまい）と異なり低いこと、2つめは水分を含ませた状態で食べるため、少量でも満足できること、3つめは料理が簡単で続けやすいことです。

　どんなにダイエットにいいと言われても、調理に時間が 53 毎日気軽に続けられません。その点、オートミールは、牛乳やお湯と合わせて煮るか、レンジでチンするだけでよく、難しい調理は不要です。時間も5分程度 54 要さないので、忙しくても取り入れやすいです。オートミールをおいしく食べるレシピがネットにたくさんアップされているので、探して作ってみてください。

50

1　取り上げるらしいです	2　取り上げられるかもしれません
3　取り上げられるだろうと思います	4　取り上げられています

51

1　ただ　　　　2　そのため　　　3　しかも　　　4　一方で

52

1　不足しない	2　不足しにくい
3　不足しがちな	4　不足しなくても

53

1　かかるのだと思えば	2　かかってしまうようでは
3　かかりそうといえば	4　かかってしまったのでは

54

1　を　　　　　2　しか　　　3　だけ　　　4　で

問題10　次の(1)から(5)の文章を読んで、後の問いに対する答えとして最もよいものを、1・2・3・4から一つ選びなさい。

(1)

　「年はとりたくないものだ」とはよく言うが、老化は恐れるべきものなのだろうか。確かに、体の機能はみな等しく徐々に衰えていく。しかし、長い年月をかけて身につけた能力や得た人脈、経験は、成熟した人間にしか得られず、長く生きた人の特権でもある。

　もちろん、ただ長生きすればいいというものではない。新しいことに無関心というのもつまらない。そうなると、本当にすべてが衰える一方になり、自分らしさを失うことにもなるだろう。知的好奇心を持ち続け、いくつ年を重ねても、変わらない自分、好きな自分でありたいものだ。

55　筆者の考えに合うのはどれか。

1　人は年をとればとるほど成長する。

2　成熟した人間は、みな長生きしている。

3　年をとる中で得られるものも多い。

4　好きな自分でいるために、年を重ねることが大切だ。

(2)

　SNSの「いいね！」にどれだけの価値があるのか私にはわからないが、ここ最近、そのことにこだわっている人が多いように感じる。

　「いいね！」の数が普段より少ないと不安になったり、他人の投稿に「いいね！」し忘れていないか過去の投稿をわざわざさかのぼってまでチェックしたりしている人も少なくない。それも一つのコミュニケーションだと言われたら、そうかもしれない。だが、顔も知らない他者からの評価で自分の生活や人生が狂わされるようなことがあるとしたら、非常に危うい状態だ。

56　筆者の考えに合うのはどれか。

1　SNS上のコミュニケーションには危険が多い

2　他人からの評価は気にするべきではない

3　「いいね！」も大切なコミュニケーションの1つだ

4　自分の価値の基準が他者からの評価だけだと危険だ

(3)

以下は、ある大学の通知文である。

健康診断について

城山大学　保健センター

20XX年4月2日

　延期になった健康診断を4月29日（月）に大学保健センターで実施します。今回は内容を少し変更して行いますので、持ち物は学生証のみで結構です。先日郵送した「健康状態に関するアンケート（問診票）」は不要です。当日、保健センターで新しいものに記入してください。

　現在、ウィルス性の風邪が流行しているようです。健康診断当日に体調を崩さないように、しっかり手洗い・うがいをし、体調管理に気をつけるようにしてください。

---

57 この文書を書いた、一番の目的は何か。

1　4月29日に実施予定の健康診断が延期になったことを伝える

2　かぜが流行しているので体調管理に気をつけるように伝える

3　保健センターが問診票を郵送したことを伝える

4　健康診断の持ち物が変わったことを伝える

(4)

　10代の頃にずっと夢見ていた音楽の道をあきらめ、俳優を志すようになったのが22の時でした。それから、もう10年になります。俳優の仕事を始めてからは、毎日、無我夢中でやってきましたが、今回、機会に恵まれてCDを出すことができました。夢をかなえることができ、うれしく思いました。また、久しぶりに音楽で自分を表現することの楽しさも感じたのですが、それはかつてのものとはちょっと違っていました。以前は「かっこよく、上手に歌うこと」ばかりを意識していましたが、それは実はあまりかっこよくない。周りの評価ばかり気にしていたと思います。それよりも、単純に気持ちを込めて歌や演奏をしたい、みんなと一緒に音楽を楽しみたい、という思いが強くなったのです。

58　筆者の考えに合うのはどれか。

1　周りの評価を気にしたところで、上達できるわけではない。

2　上手に歌うことよりも、自分の気持ちを表現することのほうが大切だ。

3　やっと本来やりたかった音楽の仕事ができるようになった。

4　音楽を愛する気持ちがあれば、歌や演奏は上手でなくてもいい。

⑸

　言葉は完璧な多数決ですから、どんな間違った言葉でも、大勢の人が使い出すと、それは正しい言葉になってしまいます。「絶対に何とかはない」とかという「絶対」とか「とても」というのは、本来は下に否定がこなければいけないのに、「この品物、絶対これです」などと言いますよね。でも、昔は「絶対」と言ったら「だめだ」「いけない」などというふうに必ずつながっていたのです。芥川龍之介から始まって、昭和の初期の人たちは、「とてもいい」という言い方はない、間違いだと叫ぶのですが、強調の副詞として「とても」は、とても便利で(笑)、大勢の人がどんどん使っていくうちに、もうそれは正しいことになってしまいました。このように、常に言葉は乱れています。

(井上ひさし『日本語教室』新潮社による)

---

59 筆者の考えに合うのはどれか。

1　「ぜったい」「とても」は下に否定形を使わなければいけない。

2　「とても」とか「絶対」は否定形と一緒に使わなくてもいい。

3　大勢の人は多数決で使う言葉を決めている。

4　言葉は常に変化したり揺らいだりしている。

問題11 次の(1)から(3)の文章を読んで、後の問いに対する答えとして最もよいものを、1・2・3・4から一つ選びなさい。

(1)

　生きる力は、身体の活力①を抜きにしては考えられない。しかも、ただ身体が健康であるというだけではなく、他人に積極的にかかわっていくからだの活力が、社会を生き抜き、社会を活性化（注1）させていくために求められる。もちろん、他者と隔絶（注2）した場所で優れた仕事をしたり、それなりに幸福な人生を歩むこともある。しかし、そのように孤独なかたちでの人生を子どもに望む親は、ほとんどいないであろう。子どもにつたえたい生き方としては、ほかの人たちと触れあい、楽しい場を過ごしていくという生き方が王道だと言える。

　そうした観点から子どもたちを見たときに、まず感じられるのは、身体が冷えているということだ。他人から何かアクションをおこされても、あまり反応（レスポンス）をしない「②冷えた身体」が目立つ。ましてや、自分から恥ずかしさや不安を捨て、他者に積極的にアプローチし関係をとり結んでいくということが苦手な子どもが多い。人見知りをする・しないというだけ（注3）ならば、現代の子どもの方が、むしろ昔の子どもよりも人見知りをしないと言える。しかし、子どもの身体が発している熱（活力）という点から見ると、全体として冷えてきているのは明らかな傾向である。これは、子どもや若者と長年つき合う立場にある者なら、およそ誰も感じていることである。

　この「冷えた身体」を暖め、「動ける身体」へと変えていくことが、すべての教育の素地（注4）となるのではないか。声を大きく出すことでもいいし、からだを実際に動かして他者のいるところへ行くということでもいい。実際に自分のからだを動かして関係を作っていく。こうした練習が、今必要になってきている。自分自身の身体が冷え切ってしまっていても、自分でそれに気づくのは意外に難しい。からだが暖められて実際に動きはじめると、それまでの自分が冷えてレスポンスの少ない身体であったことに気づく。

（齋藤孝『子どもに伝えたい＜三つの力＞-生きる力を鍛える』NHK ブックスによる）

（注1）活性化：動きが活発になること

（注2）隔絶した：他のものと遠く離れていること

（注3）人見知りをする：初めて会う人や知らない人が苦手で近づこうとしない

（注4）素地：それをつくる元となるもの

60 ①身体の活力とは何か。

1　健康で、動いて他の人のところへ行く力

2　他人に積極的にかかわっていくからだの活力

3　優れた仕事をする力

4　社会を生き抜くための活力

61 ②冷えた身体とはどういう意味か。

1　子供が成長するにしたがい、冷たくなっていく身体。

2　恥ずかしさや不安があるので、他人に積極的に話しかけない。

3　体を動かすのが苦手。

4　他人から何か働きかけられてもあまり反応しない。

62 筆者はどのようにすることが教育の基（もと）となると言っているか。

1　相手からのアプローチに対して応答する練習をすること

2　からだを実際に動かして他者のいるところへ行くこと

3　「冷えた身体」を暖め「動ける身体」へ変えていくこと

4　自分が冷えてレスポンスの少ない身体であったことに気づくこと

(2)

　日本は地震や台風などの災害が多い国だといわれています。そのため、災害が起きた時に困らないように、食べ物や飲み物などの非常食を備蓄しておくことが大切です。

　これまで、備蓄と言えば、缶詰など長期間保存できる食べ物を、手を付けずに置いておくのが普通でした。しかし、非常食を備蓄したものの、置いたままにしてしまって、消費期限が過ぎてしまうこともよくありました。そこで、最近注目されているのが「ローリングストック」という方法です。

　ローリングストックとは、日常生活で消費する食品や飲み物などを、少し多めに家に備蓄しておき、古いほうから順に使っていくという方法です。例えば、一週間分の食材をいつも家に備蓄しておいて、古いほうから食べて、減った分だけ新しく買ってきます。そうすると、常に１週間分の食べ物は家にあるため、災害に備えることができます。また、これまでの備蓄のように、うっかりして消費期限が過ぎてしまうこともありません。非常食の置き場所も、これまでの備蓄に比べると節約できます。ただし、ライターやガスコンロなど、特別な時にしか使わないものは、ローリングストックとは別に準備しておく必要があります。

　いつもの生活で使うものを少し多めに備蓄するだけなので、習慣にしておけば、無理なく続けることができます。皆さんも、取り入れてみてはどうでしょうか。

（注１）非常食：災害など、非常の場合にそなえて保存しておく食べ物
（注２）備蓄：万が一の場合に備えて、食べ物などを蓄えておくこと

63　これまでの備蓄の問題点は何か。

1　非常食を保存する方法がわからない。

2　非常食の消費期限が過ぎてしまうことがある。

3　消費期限が長いものを探すのが難しい。

4　災害が起きる前に非常食を食べてしまう。

64　「ローリングストック」の例として合うものはどれか。

1　缶詰を買ってきて、食べずに家においたままにしておく。

2　ライターやガスコンロを常に家においておく。

3　野菜ジュースを少し多めに買っておき、古いものから使う。

4　明日食べる野菜を買ってきて、冷蔵庫に入れておく。

65　ローリングストックをすすめる理由は何か。

1　習慣にすれば無理なく続けることができるから。

2　消費期限を確認する必要がないから。

3　災害が起きてもおいしいご飯が食べられるから。

4　いつでも新鮮な食品を食べることができるから。

(3)

　これまであえて「常識」という言葉を使ってきました。その時代、その地域に生きているほとんどの人の頭にこびりついている考えのことです。

　問題は、ガリレオ（注1）をあざ笑った教授たちにしても、プトレマイオス（注2）にしても、あるいはコペルニクス（注3）でさえも、後の時代からみるとまちがった常識にとらわれていた、ということです。

　それは、①現代に生きるわれわれでも同じです。

　今日、常識だと思っているものが、明日、天才科学者の出現によってまちがいであると判明するかもしれないのです。

　つまり、常識というやつは意外にもろいのです。常識はくつがえるものなのです。

　ですから、この本では、そういった常識のことも「仮説（注4）」と呼ぶ（注5）ことにしたいと思います。常識は仮説にすぎないのです。

　（中略）

　しかし、われわれの常識が仮説にすぎない、と自覚している人はあまりいません。いちいち、目のまえで起きる事件や現象を疑っていたのでは疲れてしまうからです。

　大部分の人は、右へならえ式に、他人から教わったことをそのまま鵜呑み（注6）にしているのです。常識は正しいに決まっている。飛行機が飛ぶしくみは科学的に一〇〇パーセント（注7）わかっているにちがいない。光速より速いものはない……。

　そんなふうに思いこんでいるのです。

　でも、この本でくりかえしでてくるように、実際は、われわれの頭の中身は仮説だらけなのです。「世界は仮説でできている」のです。

　そして、むかしもいまも、それから将来も、そういった仮説はつぎつぎと崩れて修正を受ける運命にあります。

　それが、②それこそが科学なんです。

（竹内薫『99・9％は仮説　思いこみで判断しないための考え方』光文社による）

（注１）こびりつく：強くくっついて、離れない

（注２）ガリレオ、プトレマイオス、コペルニクス：昔の学者の名前

（注３）あざ笑う：人や考え方などを、劣ったものだと思って笑う

（注４）もろい：弱く、くずれやすい

（注５）くつがえる：ここでは、正しいと思われていた考え方などが否定され、完全に新しい
　　　　ものに変わる

（注６）右へならえ式に：他の人と同じように、他の人のまねをして

（注７）鵜呑みにする：十分に理解しないまま、そのまま受け入れる

66　筆者の言う「常識」と合わないものはどれか。

1　大部分の人が正しいと思い込んでいるもの

2　科学的に正しいことがわかっているもの

3　間違いであることもあるもの

4　今後、修正される可能性があるもの

67　①現代に生きるわれわれでも同じとあるが、何が同じなのか。

1　昔と同じ常識が頭にこびりついていること

2　他人の常識をあざ笑うこと

3　後の時代には否定される可能性がある考えを常識だと思っていること

4　常識が仮説にすぎないと理解している人が少ないこと

68　②それこそが科学なんですとは、どういうことか。

1　昔の常識は正しくなかったことを明らかにするのが科学である。

2　頭の中の仮説が正しいことを証明するのが科学である。

3　いちいち目の前で起きることを疑って、仮説を修正することが科学である。

4　今は常識だと考えられていることでも、くつがえることがあるのが科学である。

問題12　次のＡとＢの文章を読んで、後の問いに対する答えとして最も良いものを、１・２・３・４から一つ選びなさい。

8分

Ａ

　ここ数年、都市部を中心に24時間営業のスポーツジムが増えている。自宅には置けない大きな運動器具がいつでも自分の好きな時間に利用できるため、働き方が多様化している今日、多くの人に歓迎されているようだ。

　24時間営業のスポーツジムでは、セルフサービス制を導入しているところが多い。基本的には、施設にある器具や設備を自分の好きなように利用して運動して帰るというものだ。予約も要らないので、気軽に運動したい人や一人で集中してやりたい人には向いているといえる。時間がなくて運動できないという人も、これなら気軽に取り組めるだろう。

Ｂ

　最近、24時間営業のセルフサービス制のスポーツジムが増えているそうだ。24時間営業ならいつでも利用できるし、トレーナーの人件費がかからないため、比較的手ごろな料金で利用できる、とのことだ。しかし、スポーツジムの利用を考えている人の中には、トレーナーの指導を期待している人も少なくないのではないだろうか。

　ジョギングやストレッチなど、スポーツジムに行かなくてもできる運動はある。だが、それでは運動習慣が身につかないという人が、わざわざお金を払ってスポーツジムに通うのだ。そこには、トレーナーの指導や励ましを受ければ運動が続けられるという期待もあるのではないか。セルフサービス制は、利用者に対するサービスの低下につながるといえるだろう。

[69] セルフサービスの24時間営業のスポーツジムが増えていることについて、AとBはどのように述べているか。

1　AもBも利用者へのサービス向上につながると述べている。

2　AもBも、トレーナーがいなくても運動ができる点が魅力的だと述べている。

3　Aは時間がない人も利用しやすいと述べ、Bは利用者の期待に応えられないと述べている。

4　Aは利用者に歓迎されると述べ、Bはトレーナーがいないので運動の効果は期待できないと述べている。

[70] 利用者がスポーツジムに期待することについて、AとBはどのように述べているか。

1　AもBも、低価格で利用できることだと述べている。

2　AもBも気軽に本格的な器具が利用できることだと述べている。

3　Aはいつでも利用できることだと述べ、Bは安価になることだと述べている。

4　Aは気軽に利用できることだと述べ、Bはトレーナーの指導を受けることだと述べている。

問題13　次の文章を読んで、後の問いに対する答えとして最もよいものを、1・2・3・4
から一つ選びなさい。

10分

　人生には、それぞれの時期にそれぞれ解決すべき課題がある。

　幼少年期には、幼少年期に解決すべき課題がある。小さい頃には仲間と群れて遊び、社会性
を身につけなければならない。社会性を身につければ、孤独が避けられる。そして、自分は自
分、他者は他者と感じられるようになり、自我の境界線の確立もできる。

　地方の旅館に泊まった東京の有名小学校に通うお子さんがすごくお行儀が悪かった。たまり
かねた旅館のお嬢さんが、「あなたたちだめよ。お行儀よくしなくっちゃ」と注意した。ところ
が子どもは、「何言ってんだよ。僕はね、東京で一番いい小学校に行ってるんだよ。」
こういう子は、やがて挫折する。

　それは勉強ができても、コミュニケーション能力がないからである。コミュニケーション能
力がないから、このような恐ろしいことを言う。これが先に書いた、「社会性を身につける」こ
とのできなかった子どもたちである。
幼少年期の課題は、コミュニケーション能力を身につけることである。コミュニケーションは、
エネルギーの源である。

　私が大学で学生担当教務主任という役職をしていた時に、ある学生が盗みをして捕まった。
その時に彼の言った言葉は、「僕、成績がいいんです」であった。
何かおかしくないだろうか。

　少年期にすることをしていれば、青年になって無気力になることはない。少年時代にするこ
とをしていないから、青年になって生きるのが辛くなってしまう。大学生の無気力を表現して
いるスチューデント・アパシーなども、少年時代にすることをしなかったツケである。おそら
く「自分から」勉強をしなければならないということができないのだろう。だから大学が辛い
のであろう。それまでは勉強をさせられていた。あるいは、親のために勉強をしてあげていた。

　予備校では一番でも、大学生になって鍋物を一緒につつく友達がいなければ、しようがない。
大学で一番でも、社会の中で生きる逞しさとエネルギーがなければ挫折する。五歳児の大人は、
そのことが理解できなかったのである。

　女の子がリボンをつける。するとリボンがないと蔑まれると思う。五歳児の大人は、そんな
勘違いと同じ勘違いをしながら生きてきた。そして大人になってしまったのである。

（加藤諦三『「大人になりきれない人」の心理』PHP文庫による）

71 それぞれの時期にそれぞれ解決すべき課題の例として適当なものはどれか。

1　子どもの頃に親の言うことを聞いて行儀よくする。

2　子どもの頃に友達と集まっていろいろな遊びをする。

3　学生時代に授業をよく聞いていい成績を取る。

4　学生時代に社会のルールをよく理解して真面目に過ごす。

72 「五歳児の大人」の説明として適当なものはどれか。

1　社会で生き抜くために必要な学力がない大人

2　子どものように、礼儀作法が正しく身についていない大人

3　子どもがするような勘違いをしがちな大人

4　社会性がなくて、人とうまく付き合えない大人

73 この文章で筆者が言いたいことは何か。

1　子どもは子どもらしく元気に遊ばないと、大人になって無気力になる。

2　勉強ばかりして育った子どもは将来挫折して、生きるのが辛くなる。

3　自分らしくあるために、社会性を身につける必要がある。

4　コミュニケーション能力があれば、簡単に挫折することはない。

問題14　右のページは、ある町の水泳教室の案内である。下の問いに対する答えとして最も
よいものを、１・２・３・４から一つ選びなさい。

7分

74　田中さんは小学生の子供を短期水泳教室に通わせたいと思っている。７月中は月曜日、
水曜日、金曜日が空いているが、車がないので教室のバスを利用したいと考えている。ど
のコースに入ることができるか。

1　1 B
2　2 B
3　3 B
4　2 M

75　エレナさんは３歳の子供を朝の短期コースに参加させたいと思っている。それについて、
合っているものはどれか。

1　7月25日に申し込みを取り消せば、3000円返してもらえる。
2　7月27日に申し込みを取り消せば、料金はすべて返してもらえる。
3　7月28日の午後３時に申し込み手続きをする。
4　7月29日の午前９時に申し込み手続きをする。

スイミングスクール
夏休み短期水泳教室

選べる3回コース　5500円

コース	期間	時間	対象
1A	7/1 ～ 7/31	14：50 ～ 16：00	幼児
1B		15：50 ～ 17：00	小学生

日にち指定3回コース　5000円

コース	期間	時間	対象
2A	7/22・7/23・7/24	14：50 ～ 16：00	幼児
2B		15：50 ～ 17：00	小学生
3A	8/19・8/20・8/21	14：50 ～ 16：00	幼児
3B		15：50 ～ 17：00	小学生

朝短期コース　　5000円

コース	期間	時間	対象
1M	7/29・7/30・7/31	9：00 ～ 10：00	幼児
2M		10：40 ～ 11：40	小学生

申込方法

- お申し込みの受け付けは、月曜日から土曜日までは午前10時から午後9時まで、日曜日は午前10時から午後4時までとなります。最初の練習の日の前日までにお申し込みください。　※8/13 ～ 8/15は教室が休みのため、受け付けはできません。

- フロントに備え付けの申込用紙にご記入の上、授業料を添えてお申し込みください。

〈お申し込みを取り消す場合〉

教室が始まる1週間前までにキャンセルの手続きをいただければ、授業料は全てお返しします。それ以降のキャンセルの場合、授業料はお返しできませんので、ご注意ください。

模擬試験
第3回

N2
聴　解
ちょう　かい

（50分）

3rd 02~08 問題1

問題1では、まず質問を聞いてください。それから話を聞いて、問題用紙の1から4の中から、最もよいものを一つ選んでください。

例

1 しりょうをコピーする
2 しりょうをメールで送る
3 しりょうの内容をチェックする
4 しりょうのグラフを修正する

1番

1 長期の家庭教師のアルバイトに申し込む
2 長期のスーパーのアルバイトに申し込む
3 短期の家庭教師のアルバイトの内容を確認する
4 短期のスーパーのアルバイトの内容を確認する

2番

1　田中さんと連絡を取り合う
2　会場に連絡する
3　空港に田中さんを迎えに行く
4　他の出席者に連絡する

3番

1　携帯電話を買うのをやめる
2　今使っている携帯電話を修理に出す
3　娘と同じスマホを買いに行く
4　使い方が簡単なスマホを買いに行く

4番

1　パスワードに生年月日を入れて試す

2　図書館の利用者カードを作る

3　忘れたパスワードを教えてもらう

4　新しいパスワードを作る

5番

1　先生にメールで問い合わせる

2　大学の事務所に聞く

3　ホームページの先生の専用ページを見る

4　先生の研究室を訪ねて聞く

③rd 09~16 問題2

　問題2では、まず質問を聞いてください。そのあと、問題用紙のせんたくしを読んでください。読む時間があります。それから話を聞いて、問題用紙の1から4の中から、最もよいものを一つ選んでください。

例

1　値段が安いから

2　和食の店だから

3　部長が強くすすめるから

4　田中さんが好きな店だから

1番

1　郊外の店でテーブルを買って組み立てる

2　インターネットでテーブルを買って組み立てる

3　駅前の店でテーブルを買って組み立てサービスを頼む

4　一番安い方法でテーブルを買って組み立てサービスを頼む

2番

1 朝、起きるのが遅いこと
2 夜、寝るのが遅いこと
3 朝ご飯を食べないこと
4 授業に集中できないこと

3番

1 服装に気をつけること
2 会場への行き方を確認すること
3 自分に自信を持つこと
4 たくさん練習をすること

4番

1　家事を助けてもらえること
2　今の仕事を続けられること
3　子供が社会や文化を学べること
4　子供の勉強を見てもらえること

5番

1　日本の習慣に慣れること
2　日本人と会話すること
3　日本語の文章を読むこと
4　日本語の授業を聞き取ること

6番

1　リラックスするため
2　肩こりを楽にするため
3　マッサージより経済的だから
4　腰が痛いのを治すため

問題３

^{3rd} 18~24

問題３では、問題用紙に何も印刷されていません。この問題は、全体としてどんな内容か
を聞く問題です。話の前に質問はありません。まず話を聞いてください。それから質問とせ
んたくしを聞いて、１から４の中から、最もよいものを一つ選んでください。

— メモ —

3rd 25~38 問題4

問題4では、問題用紙に何も印刷されていません。まず文を聞いてください。それから、それに対する返事を聞いて、1から3の中から、最もよいものを一つ選んでください。

— メモ —

③rd 39~42 問題5

問題5では、長めの話を聞きます。この問題には練習はありません。メモをとってもかまいません。

1番、2番

問題用紙に何も印刷されていません。まず話を聞いてください。それから、質問とせんたくしを聞いて、1から4の中から、最もよいものを一つ選んでください。

― メモ ―

3番

まず話を聞いてください。それから、二つの質問を聞いて、それぞれ問題用紙の1から4の中から、最もよいものを一つ選んでください。

質問1

1　SA-クリーン X

2　SA-クリーン7

3　SA-クリーンホワイト

4　PG-ホワイト

質問2

1　SA-クリーン X

2　SA-クリーン7

3　SA-クリーンホワイト

4　PG-ホワイト

日本語能力試験　完全模試 N2　解答用紙

第1回　言語知識（文字・語彙・文法）・読解

名前
Name

〈 ちゅうい　Notes 〉

1. くろいえんぴつ(HB、No.2)でかいてください。
（ペンやボールペンではかかないでください）
Use a black medium soft (HB or No.2) pencil.
(Do not use any kind of pen.)

2. かきなおすときは、けしゴムできれいにけして
ください。
Erase any unintended marks completely.

3. きたなくしたり、おったりしないでください。
Do not soil or bend this sheet.

4. マークれい　Marking examples

よいれい Correct Example	わるいれい Incorrect Examples
●	⊘ ⊘ ○ ◉ ⊗ ◑ ⬤

問題 1

1	①	②	③	④
2	①	②	③	④
3	①	②	③	④
4	①	②	③	④
5	①	②	③	④

問題 2

6	①	②	③	④
7	①	②	③	④
8	①	②	③	④
9	①	②	③	④
10	①	②	③	④

問題 3

11	①	②	③	④
12	①	②	③	④
13	①	②	③	④
14	①	②	③	④
15	①	②	③	④

問題 4

16	①	②	③	④
17	①	②	③	④
18	①	②	③	④
19	①	②	③	④
20	①	②	③	④
21	①	②	③	④
22	①	②	③	④

問題 5

23	①	②	③	④
24	①	②	③	④
25	①	②	③	④
26	①	②	③	④
27	①	②	③	④

問題 6

28	①	②	③	④
29	①	②	③	④
30	①	②	③	④
31	①	②	③	④
32	①	②	③	④

問題 7

33	①	②	③	④
34	①	②	③	④
35	①	②	③	④
36	①	②	③	④
37	①	②	③	④
38	①	②	③	④
39	①	②	③	④
40	①	②	③	④
41	①	②	③	④
42	①	②	③	④
43	①	②	③	④
44	①	②	③	④

問題 8

45	①	②	③	④
46	①	②	③	④
47	①	②	③	④
48	①	②	③	④
49	①	②	③	④

問題 9

50	①	②	③	④
51	①	②	③	④
52	①	②	③	④
53	①	②	③	④
54	①	②	③	④

問題 10

55	①	②	③	④
56	①	②	③	④
57	①	②	③	④
58	①	②	③	④
59	①	②	③	④

問題 11

60	①	②	③	④
61	①	②	③	④
62	①	②	③	④
63	①	②	③	④
64	①	②	③	④
65	①	②	③	④
66	①	②	③	④
67	①	②	③	④
68	①	②	③	④

問題 12

69	①	②	③	④
70	①	②	③	④

問題 13

71	①	②	③	④
72	①	②	③	④
73	①	②	③	④

問題 14

74	①	②	③	④
75	①	②	③	④

日本語能力試験　完全模試 N2　解答用紙
第1回　聴　解

名前
Name

〈 ちゅうい　Notes 〉

1. くろいえんぴつ(HB、No.2)でかいてください。
   （ペンやボールペンではかかないでください）
   Use a black medium soft (HB or No.2) pencil.
   (Do not use any kind of pen.)

2. かきなおすときは、けしゴムできれいにけして
   ください。
   Erase any unintended marks completely.

3. きたなくしたり、おったりしないでください。
   Do not soil or bend this sheet.

4. マークれい　Marking examples

よいれい Correct Example	わるいれい Incorrect Examples
●	◖ ⦸ ⊘ ◍ ⦵ ◑ ◗ ●

問　題　1

例	①	②	●	④
1	①	②	③	④
2	①	②	③	④
3	①	②	③	④
4	①	②	③	④
5	①	②	③	④

問　題　2

例	①	②	●	④
1	①	②	③	④
2	①	②	③	④
3	①	②	③	④
4	①	②	③	④
5	①	②	③	④
6	①	②	③	④

問　題　3

例	①	●	③	④
1	①	②	③	④
2	①	②	③	④
3	①	②	③	④
4	①	②	③	④
5	①	②	③	④

問　題　4

例	①	●	③
1	①	②	③
2	①	②	③
3	①	②	③
4	①	②	③
5	①	②	③
6	①	②	③
7	①	②	③
8	①	②	③
9	①	②	③
10	①	②	③
11	①	②	③
12	①	②	③

問　題　5

1		①	②	③	④
2		①	②	③	④
3	(1)	①	②	③	④
	(2)	①	②	③	④

日本語能力試験　完全模試 N2　解答用紙

第2回　言語知識（文字・語彙・文法）・読解

名前
Name

〈 ちゅうい　Notes 〉

1. くろいえんぴつ(HB, No.2) でかいてください。
（ペンやボールペンではかかないでください）
Use a black medium soft (HB or No.2) pencil.
(Do not use any kind of pen.)

2. かきなおすときは、けしゴムできれいにけして
ください。
Erase any unintended marks completely.

3. きたなくしたり、おったりしないでください。
Do not soil or bend this sheet.

4. マークれい　Marking examples

よいれい Correct Example	わるいれい Incorrect Examples
●	◌ ◌ ◌ ○ ◌ ◌ ◌ ◌

問　題　1

1	① ② ③ ④
2	① ② ③ ④
3	① ② ③ ④
4	① ② ③ ④
5	① ② ③ ④

問　題　2

6	① ② ③ ④
7	① ② ③ ④
8	① ② ③ ④
9	① ② ③ ④
10	① ② ③ ④

問　題　3

11	① ② ③ ④
12	① ② ③ ④
13	① ② ③ ④
14	① ② ③ ④
15	① ② ③ ④

問　題　4

16	① ② ③ ④
17	① ② ③ ④
18	① ② ③ ④
19	① ② ③ ④
20	① ② ③ ④
21	① ② ③ ④
22	① ② ③ ④

問　題　5

23	① ② ③ ④
24	① ② ③ ④
25	① ② ③ ④
26	① ② ③ ④
27	① ② ③ ④

問　題　6

28	① ② ③ ④
29	① ② ③ ④
30	① ② ③ ④
31	① ② ③ ④
32	① ② ③ ④

問　題　7

33	① ② ③ ④
34	① ② ③ ④
35	① ② ③ ④
36	① ② ③ ④
37	① ② ③ ④
38	① ② ③ ④
39	① ② ③ ④
40	① ② ③ ④
41	① ② ③ ④
42	① ② ③ ④
43	① ② ③ ④
44	① ② ③ ④

問　題　8

45	① ② ③ ④
46	① ② ③ ④
47	① ② ③ ④
48	① ② ③ ④
49	① ② ③ ④

問　題　9

50	① ② ③ ④
51	① ② ③ ④
52	① ② ③ ④
53	① ② ③ ④
54	① ② ③ ④

問　題　10

55	① ② ③ ④
56	① ② ③ ④
57	① ② ③ ④
58	① ② ③ ④
59	① ② ③ ④

問　題　11

60	① ② ③ ④
61	① ② ③ ④
62	① ② ③ ④
63	① ② ③ ④
64	① ② ③ ④
65	① ② ③ ④
66	① ② ③ ④
67	① ② ③ ④
68	① ② ③ ④

問　題　12

| 69 | ① ② ③ ④ |
| 70 | ① ② ③ ④ |

問　題　13

71	① ② ③ ④
72	① ② ③ ④
73	① ② ③ ④

問　題　14

| 74 | ① ② ③ ④ |
| 75 | ① ② ③ ④ |

日本語能力試験　完全模試 N2　解答用紙

第2回　聴　解

名前 / Name

〈 ちゅうい　Notes 〉

1. くろいえんぴつ(HB、No.2) でかいてください。
   （ペンやボールペンではかかないでください）
   Use a black medium soft (HB or No.2) pencil.
   (Do not use any kind of pen.)

2. かきなおすときは、けしゴムできれいにけして
   ください。
   Erase any unintended marks completely.

3. きたなくしたり、おったりしないでください。
   Do not soil or bend this sheet.

4. マークれい　Marking examples

よいれい Correct Example	わるいれい Incorrect Examples
●	⊘ ⊗ ◯ ◍ ⊜ ⦸ ◖ ◌

問題 1

例	①	②	●	④
1	①	②	③	④
2	①	②	③	④
3	①	②	③	④
4	①	②	③	④
5	①	②	③	④

問題 2

例	①	②	●	④
1	①	②	③	④
2	①	②	③	④
3	①	②	③	④
4	①	②	③	④
5	①	②	③	④
6	①	②	③	④

問題 3

例	①	●	③	④
1	①	②	③	④
2	①	②	③	④
3	①	②	③	④
4	①	②	③	④
5	①	②	③	④

問題 4

例	①	●	③
1	①	②	③
2	①	②	③
3	①	②	③
4	①	②	③
5	①	②	③
6	①	②	③
7	①	②	③
8	①	②	③
9	①	②	③
10	①	②	③
11	①	②	③
12	①	②	③

問題 5

1		①	②	③	④
2		①	②	③	④
3	(1)	①	②	③	④
	(2)	①	②	③	④

日本語能力試験　完全模試 N2　解答用紙

第3回　言語知識（文字・語彙・文法）・読解

名前 Name

〈 ちゅうい　Notes 〉

1. くろいえんぴつ(HB、No.2)でかいてください。
（ペンやボールペンではかかないでください）
Use a black medium soft (HB or No.2) pencil.
(Do not use any kind of pen.)

2. かきなおすときは、けしゴムできれいにけして
ください。
Erase any unintended marks completely.

3. きたなくしたり、おったりしないでください。
Do not soil or bend this sheet.

4. マークれい　Marking examples

よいれい Correct Example	わるいれい Incorrect Examples
●	○ ◉ ○ ○ ◎ ◐ ○

問　題　1

1	①	②	③	④
2	①	②	③	④
3	①	②	③	④
4	①	②	③	④
5	①	②	③	④

問　題　2

6	①	②	③	④
7	①	②	③	④
8	①	②	③	④
9	①	②	③	④
10	①	②	③	④

問　題　3

11	①	②	③	④
12	①	②	③	④
13	①	②	③	④
14	①	②	③	④
15	①	②	③	④

問　題　4

16	①	②	③	④
17	①	②	③	④
18	①	②	③	④
19	①	②	③	④
20	①	②	③	④
21	①	②	③	④
22	①	②	③	④

問　題　5

23	①	②	③	④
24	①	②	③	④
25	①	②	③	④
26	①	②	③	④
27	①	②	③	④

問　題　6

28	①	②	③	④
29	①	②	③	④
30	①	②	③	④
31	①	②	③	④
32	①	②	③	④

問　題　7

33	①	②	③	④
34	①	②	③	④
35	①	②	③	④
36	①	②	③	④
37	①	②	③	④
38	①	②	③	④
39	①	②	③	④
40	①	②	③	④
41	①	②	③	④
42	①	②	③	④
43	①	②	③	④
44	①	②	③	④

問　題　8

45	①	②	③	④
46	①	②	③	④
47	①	②	③	④
48	①	②	③	④
49	①	②	③	④

問　題　9

50	①	②	③	④
51	①	②	③	④
52	①	②	③	④
53	①	②	③	④
54	①	②	③	④

問　題　10

55	①	②	③	④
56	①	②	③	④
57	①	②	③	④
58	①	②	③	④
59	①	②	③	④

問　題　11

60	①	②	③	④
61	①	②	③	④
62	①	②	③	④
63	①	②	③	④
64	①	②	③	④
65	①	②	③	④
66	①	②	③	④
67	①	②	③	④
68	①	②	③	④

問　題　12

69	①	②	③	④
70	①	②	③	④

問　題　13

71	①	②	③	④
72	①	②	③	④
73	①	②	③	④

問　題　14

74	①	②	③	④
75	①	②	③	④

日本語能力試験　完全模試 N2　解答用紙

第3回　聴　解

名前
Name

〈 ちゅうい　Notes 〉

1. くろいえんぴつ(HB、No.2) でかいてください。
　（ペンやボールペンではかかないでください）
　Use a black medium soft (HB or No.2) pencil.
　(Do not use any kind of pen.)

2. かきなおすときは、けしゴムできれいにけして
　ください。
　Erase any unintended marks completely.

3. きたなくしたり、おったりしないでください。
　Do not soil or bend this sheet.

4. マークれい　Marking examples

よいれい Correct Example	わるいれい Incorrect Examples
●	◌ ⊘ ⦸ ◍ ◑ ⊗ ◍ ◍

問　題　1

	①	②	③	④
例	①	②	●	④
1	①	②	③	④
2	①	②	③	④
3	①	②	③	④
4	①	②	③	④
5	①	②	③	④

問　題　2

例	①	②	●	④
1	①	②	③	④
2	①	②	③	④
3	①	②	③	④
4	①	②	③	④
5	①	②	③	④
6	①	②	③	④

問　題　3

例	①	●	③	④
1	①	②	③	④
2	①	②	③	④
3	①	②	③	④
4	①	②	③	④
5	①	②	③	④

問　題　4

	①	②	③
例	①	●	③
1	①	②	③
2	①	②	③
3	①	②	③
4	①	②	③
5	①	②	③
6	①	②	③
7	①	②	③
8	①	②	③
9	①	②	③
10	①	②	③
11	①	②	③
12	①	②	③

問　題　5

		①	②	③	④
1		①	②	③	④
2		①	②	③	④
3	(1)	①	②	③	④
	(2)	①	②	③	④